4/19/16

Stet

José Kozer (born Havana, 1940) is the preeminent Cuban poet of his generation and one of Latin America's most influential poets. He left Cuba in 1960 and settled in New York, where he taught at Queens College until 1997. After a brief sojourn in Spain he and his wife, Guadalupe, settled in Hallandale, Florida. Kozer's first book was published in 1972; *Stet* is his thirty-eigth. He has written over 6400 poems. Some of his recent books are:

Mezcla para dos tiempos (Mexico City: Aldus, 1999)
Rupestres (Curitiba, Brasil: Tigre do Espelho, 2001)
No buscan reflejarse (Havana: Letras Cubanas, 2002)
Bajo este cien y otros poemas (Barcelona: El Bardo, 2002)
Rosa cubica (Buenos Aires: Tse-Tsé, 2002)
Ánima (Mexico City. Fondo de Cultura Económica, 2002)
Madame Chu & outros poemas (Curitiba, Brasil: Faxinal do Céu, 2002)
Un caso llamado FK (Mexico City: Editorial Sin Nombre, 2002)
Una huella destartalada. Diarios (Mexico City: Aldus, 2003)
Ogi no mato (Mexico City: UACM, 2005)
Y del esparto la invariabilidad (Madrid: Visor, 2005)
Íbis amarelo sobre fundo negro (Curitiba, Brasil: Travessa dos Editores, 2006)

Mark Weiss is the author of six books of poems. He edited, with Harry Polkinhorn, the bilingual anthology *Across the Line / Al otro lado: The Poetry of Baja California* (San Diego: Junction Press, 2002). He is the translator of *Cuaderno de San Antonio* by Javier Manríquez (La Paz, Mexico: UABCS, 2005). *The Whole Island: Six Decades of Cuban Poetry*, a bilingual anthology, is to be published by University of California Press in 2008.

José Kozer

Stet

selected poems

translated and edited

by

Mark Weiss

Copyright © Junction Press 2006

Spanish texts © José Kozer 1975, 1983, 1985, 1987,
1988, 1995, 1997, 1998, 1999, 2001, 2002, 2005, 2006

Translations and front matter © Mark Weiss, 2006
Cover portrait © Carlos Blackburn, 2006
Library of Congress Control Number: 2006905395
ISBN-13: 978-1-881523-09-3
ISBN-10: 1-881523-09-8

Several of the translations have appeared in *Poetry
International, Mandorla, New Laurel Review, Shears-
man*, and in the ezines *Jacket* (jacketmagazine.com)
and *fascicle* (fascicle.com).

Publication history of the Spanish texts appears on
pages 19-20.

Junction Press, PO Box F, New York NY 10034

Contents

A few words about José Kozer

José Kozer is the preeminent Cuban poet of his generation and one of the most influential poets in Latin America, where his name is a household word among serious readers of poetry. His 37 books and 15 chapbooks have been published in Mexico, Spain, the United States, Argentina, Brazil, Cuba, the Dominican Republic, Venezuela, and Chile. There have been dozens of articles and several books about his work. He has been translated into German, Portuguese, Hebrew, Greek, Italian, and French, and into English by, among others, Gregory Rabassa, Edith Grossman, and, most notably, Ammiel Alcalay, who produced two bilingual chapbooks, *The Ark upon the Number* (New York: Cross-Cultural Communications, 1982) and *Prójimos (Intimates)* (Barcelona: Carrer Ausias, 1991). He was the first living Cuban of the diaspora to have a book published on the island since the 1970s (*No buscan reflejarse*, 2001). He remains, despite all of this and his 46 years of residence in the United States, almost unknown to anglophone readers. *Stet* is the first English or bilingual attempt to survey his career.

His obscurity in his adoptive country may be a product of the haphazard way in which culture is transmitted across linguistic borders: Kozer is hardly alone in his neglect. But I suspect that differences in the two poetic cultures are more important factors. Very broadly one could characterize mainstream English language poetry (for lack of a better term) as radically stripped-down: most poems are written in syntaxes and with vocabularies far less complex than the writers would use in essays or everyday speech, conveying a sense of lived experience through nuance and innuendo. Many on the other end of the spectrum, on the other hand, are primarily focused not on experience *per se* but on the disconnect between what language is (the sign) and what it attempts to describe (the signified)–another form of simplification. Latin America is the child of the Counter Reformation and of its expression, the Baroque; it's not surprising that its poetry should be more complexly imagined. The *neobarroco*, which has become, in the past few decades, the dominant tendency in Latin American poetry (*Medusario*, the 1996 anthology that Kozer edited with Jacobo Sefamí and Roberto Echavarren, helped define it for his generation), is unlike either of the anglophone extremes. To their simplifications it opposes what can seem a wild excess.

José Lezama Lima, the great Cuban poet who inaugurated the *neobarroco* in the 1930s, wrote in his 1957 essay "La expresión americana" a phrase that has become something of an anthem for his compatriots: "Sólo lo difícil es estimulante"–only the difficult is provocative. Part of what he meant by "the difficult" is the infinite complexity of any given moment in both a life and a poem. So a poem may appear, as did those of Luis de Góngora (1561-1627), the Baroque master from whom poets of the *neobarroco* claim descent, to be encrusted, like a churrigueresque facade, with detail that could be taken as merely decorative to the point of preciosity. In the revisionist view of Lezama and others, that encrustation is seen as an attempt at reflecting accurately the moment as experienced if one allows oneself to experience its full complexity. The accumulation of such moments creates a dense forest through which both poet and reader must discover their "difficult" path. It is that path, rather than any easily abstracted message, that constitutes the meaning of the poetic experience.

Kozer's poetry of the past two decades is a collage of the everyday, personal history, the erotic, the esoteric, fantasy, dialects, languages, professional jargons, high seriousness, slapsticks, and the speech of different social classes, presented without hierarchy and with often truncated syntax. The moment is seen as only comprehensible by means of the accretion of linguistic perspectives and the detritus of culture, somewhat the way Cezanne depicts visual reality as the product of the eye's constantly shifting perspectives. The movement from one complex moment to the next often follows a logic lost within the details. The result is a confusing swarm of sensations, an ecstatic perception of the actual.

Kozer's poems, it seems to me–and it's hard to generalize: he's written some 6400 of them, none of which are "typical" Kozer poems–have as much in common with the music as with the poetry of the Baroque. As in Bach's violin partitas, the poem begins with a simple statement. The voice, like the violin, is monophonic–it can project only one voice at a time, and it proceeds linearly from beginning to end. But if the experience of both art and world is non-linear and polyphonic–many voices clamoring simultaneously for attention–the problem for the artist is how, as the work proceeds, to suggest the presence of those other voices. Bach injects discords suggesting the presence of unheard, parallel harmonic structures; Kozer changes tone,

linguistic class, reference, and language itself, each echoing beyond its enunciation.

Kozer, like Bach, is an improvisor, most of his poems written in an almost daily exercise of intense concentration that rarely lasts longer than 45 minutes. The "logic" of the movement moment to moment within his poems is often profoundly non-logical–the accident of two words sharing a phoneme may lead from one universe of allusion to another, one image suggesting the next–and Kozer appears to have an eidetic–a pictorial–memory, in which the smallest details of the visual are preserved and ideas are experienced visually. By the poem's end a tangle of pheonomena has been projected and a path found through it.

This can be a dizzying experience for reader or listener, as it appears to be for Kozer himself; at the start of a poem, he has told me, he has no more idea where it will go than its eventual reader will have when setting forth. We're being asked to tease out the complexities moment to moment, in effect enacting in each moment the reverse of Kozer's process in order to follow the progress of the poem. One can only proceed by immersion–Kozer's methodology requires total participation. It's as if we were being invited into an environment in which lights constantly flicker, revealing for a moment a seductive or terrifying detail from which we can construct a space of terror or delight.

The process I've suggested has developed over forty years; although its fullest expression is in his poetry of the past two decades, it can be seen even in his early lyric poems. From his beginnings as a poet he has developed a way of working that minimizes the separation of categories that acts as an inhibition for most writers, and this way of working has allowed him to write at once prolifically and well.

(It's perhaps unnecessary to add that it also makes for enormous headaches for the translator).

II

Like other poets of the *neobarroco*, Kozer is of course aware that the sign can never contain the signified, but that awareness, rather than becoming the subject of the work, seems to motivate a desperation to discover what in fact is knowable. It may be less naive than

13

usual to suggest that in Kozer's case the peculiarities of biography have influenced that desperation.

Kozer's mother and her family came to Havana from Czechoslovakia when she was a child. She remained profoundly Jewish, but became profoundly Cuban, as well: Kozer recalls that she cooked *latkes*, and also rice and beans. His father arrived alone from Poland in his twenties, in the years before the Holocaust, which took the lives of the rest of his family, and parlayed his skills as a men's tailor into a distributorship of men's formal wear on the island. He taught himself Spanish, but he never lost his thick Jewish accent. Kozer was born in 1940, the first of two children and the only boy. Identifying with his father, Kozer tells us, in "Primera y última" (page 198 below), "soy, por ende, primera y última generación de cubanos" ("I am the first and last Cuban generation").

That sense of alienation is everywhere in the poems that deal with his family. An omnivorous reader and sensitive observer from an early age, and a published poet by twenty, he found himself in a family and a social class that he descibes in almost Flaubertian terms: devoid of books, devoid of art, sparing in intimacy or joy, only marginally interested in ideas, and devoted to the markers of class and decorum. In "Limpieza general" (page 24) he starkly contrasts the sterile, stifling environment of home with the surging life beyond. His mother cleans, while

...afuera la calle era una fiebre de mulatas encendidas,
la calle se desbocaba en la triple iridiscencia de un bongó cubano,
y las tres lindas cubanas movían trémulas las nalgas de una
        canción,
mientras mi madre ordenaba decisivamente los espejos.

...outside was a tumult of inflamed *mulatas*
the street overflowing with the triple flame of the bongo
and three lovely Cubans, their cheeks quivering, swayed to the
        rhythm of a song
while my mother straightened the mirrors for once and all.

Kozer left Cuba and the suffocation of family and social class as soon as he was able. His excuse was education: from January of

14

1958 until May of 1959 he studied at New York University, returning to Cuba to engage himself with the revolution. Within a year, disillusioned, he preceded his family into voluntary exile. They followed, along with much of their social class, after the family business was nationalized. As Kozer likes to joke, "I left Cuba to get away from them, but they tracked me down."

The circumstances he found himself in were no joke. His first sojourn in New York had been cushioned by family money. Now there were no resources to fall back on, and he survived at various odd jobs – as a waiter, a bartender, a library book-stacker, a door-to-door salesman—while studying for his BA (NYU, 1965) and MA (Queens College, 1971). In a severe state of dislocation, he married (badly) in 1962, plunged into the alcoholic fringes of New York's Bohemia, and lost the sound of his language and with it his poetry. His recovery, and his full-time teaching career at Queens College, began in 1967 (he retired as a full professor of Spanish in 1997); shortly thereafter he divorced, stopped drinking, and began spending summers in Spain, where, once again immersed in Spanish, he resumed writing. In Spain he met and eventually married Guadalupe. Together they raised his two daughters, Mía (the product of his first marriage) and Susana.

It's a story of displacement and hard-won stability. One could say that Kozer was and remains, as a diasporic Jew and Cuban, a natural exile. Curiously, among the myriad images that fill his poems are very few of the United States, where he has spent over two-thirds of his life, and those largely restricted to details of family life. The poems are instead filled with the transitory (but always passionate) bric-a-brac of books and memory, their only fixed points his wife and daughters, his Jewishness, and Cuba and its language. It's as if internally he had never left. And as if he has internalized exile.

In an untranslatable paragraph from "Primera y última" Kozer writes:

Leo en dirección cubana, el primero se llama Adán; leo en dirección hebrea, el último se llama Nada. Leo en dirección cubana, la primera se llama Eva; leo en dirección hebrea, la última se llama Ave en vuelo rumbo al perímetro donde Nada fecundará, la Madre muerta somos todos nosotros.

In the Cuban version I read that the first was called Adam; in the Hebrew version that the last was called Nothing. In the Cuban version I read that the first was called Eve; in the Hebrew version that the last is called Bird, that flies towards the edge where Nothing will be quickened. We are all the dead Mother.

The Cuban version is read left to right, Adán, which, right to left, as Hebrew is written, becomes Nada, Nothing. Likewise Eva becomes Ave, bird, which flies towards the desolate border.

III

In 2002 Kozer came to San Diego, where I was then living, on a reading tour. He gave four readings in two days, two in San Diego (at the University of San Diego and at San Diego State University) and two across the border in Tijuana (at the Universidad Autónoma de Baja California and at the Centro Cultural de Tijuana). I had been translating his poetry for several years and was of course aware of his importance to Latin American poets, but it was those two days that really brought it home to me. Almost every Tijuanense poet under 40 followed him from venue to venue. It was a magnificent, exhausting performance in four movements, ending with a reading of his then-new book Ánima.

Precisely at mid-point, after his reading at SDSU, thinking to take Kozer and a few members of the audience out for a meal at a favorite Vietnamese restaurant, I became unaccountably lost, and we found ourselves on a dark street in an empty restaurant that none of us had ever noticed before. It didn't look like much, but it was late, and with some trepidation we decided to stay.

The menu was long and dubiously translated, but the elderly woman who came to take our order offered no enlightenment, and when we at length decided, she seemed incapable of understanding our orders, even if we indicated them by pointing. It became increasingly obvious that she suffered from dementia. An old man, clearly her husband, tenderly moved her aside and apologetically took our order. They were the entire staff, and the meal was a long time coming. We were famished, and thoroughly annoyed.

After he had served us the man came back with a box of photographs. His English was nonexistent and his French very poor, but his younger self was recognizable without benefit of words in pictures of an officer in the uniform of the Army of the Republic of Vietnam – the South Vietnamese army. He showed them to us with some pride, along with pictures of his past prosperity.

I think that I was not alone in finding this tedious – I was tired, and I wanted to eat. And I imagine that I was not the only one for whom an ARVN uniform carried a decidedly mixed message. Kozer had a different perspective. "Do you know what just happened?" he asked us, clearly moved. "That man had a place and a life once, and now he's stuck here in this foreign place, the woman he loves disintegrating before his eyes. He's nothing. But he wants us to know that he mattered once. He wants us to know that someone was here."

One exile to another. As good a reason as any, perhaps, for writing poems.

Mark Weiss
July 4, 2006

Some notes on the text

Stet has been in every sense a collaborative effort. It began with a suggestion by my good friend Jason Weiss, which led to a telephone conversation, which led to an initial selection of poems. Over the course of the next seven years of constant communication some poems were winnowed out, others added. Kozer would occasionally tell me about a new poem, often written that very day, sometimes reading it to me over the phone, that he found particularly exciting. I'd ask him to send it along, and it would be added to the book. Others, among them the "Ánima" and "Actividad del azogue" poems, came as a result of my sense that a central concern was under-represented. The resulting manuscript is very different in character and twice as long as the initial selection.

Kozer uses many titles repeatedly. Beyond those in *Stet*, there are hundreds of "Ánima," "Actividad del azogue," and "Naïf" poems, several "Gaudeamus" poems, as well as several in which Franz Kafka appears in the title. Sometimes there will be a sequential run of poems with the same title, as in the "Ánima" and "Actividad del azogue" poems included in *Stet*, but there are others widely separated in time. Each title and the concerns it represents acts as something like a thread, interwoven with other threads, that holds the fabric of the whole together. My sense is that when eventually the entire fabric is available to us it will be revealed as Proustian in scope, the anatomy of the workings of a singular mind.

Kozer's verse form is distinctive. Many Latin American poets write a kind of prose poetry divided into "versículos," verses in the Biblical sense. Kozer is very clear that he means his often immensely long lines to be read, rather, as single lines of verse of great syntactic and musical fluidity. What he refers to as "prosas" are closer to a usual understanding of prose poetry.

Two classes of language presented particular translation problems. The first is usages peculiar to Cuban Spanish. A "Cubanazo," a super Cuban, as Kozer calls himself, he uses the dialect more than any other poet. His Cuban, however, is fixed in time at the moment of his departure in 1960, like a clock that marks the hour of a cataclysm. Most of his usages survive in the vernacular; phrases like "la jeva narra," the Chinese chick, and a great deal else in "Vulgata" (page 156), on the other hand, would be opaque to many younger Cubans.

The issue for me as translator was to find equivalent time-indexed popular usages.

The other significant problem, like many of the more subtle references, inevitably involves loss of meaning. In cases where there are no common words for flowers, fruits and trees in my own dialect I have imported the Spanish term into the English text, without footnote (Google has relieved us of that burden), even if equivalents exist in other dialects. So, for instance, *guanábana* is not replaced by soursop. Neither the Spanish nor the English word bears affective or sensory meaning for those of us who have never seen or tasted one. Nor would a new familiarity change the situation, as neither the Spanish nor the English word would carry with it an affective memory: what for native speakers is familiar since before memory, bringing forth a host of cultural and personal associations as complex as Proust's madeleine, would remain at best exotic. The same, of course, could be said of the Havana of Kozer's youth, now as lost as any childhood landscape. I suppose I'm saying, with a shrug and a sigh, that, as far as translation is concerned, "you had to be there."

In an oeuvre that totals some 6400 poems the best one can hope to do is present a sense of the whole. This has often been Kozer's strategy: as here, many of his books deviate from chronological order. In this case, the order is mine (but approved by Kozer), arranged in a manner that seemed to me to make organic sense. A list of the poems in order of composition, together with the books in which they first appeared, follows. Book titles are abbreviated after their first appearance.

Limpieza general (*Este judío de números y letras*, Tenerife: Editorial
    Católica, 1975)
Diáspora (*Este judío*, 1975)
Mi padre, que está vivo todavía (*Este judío*, 1975)
Te acuerdas, Sylvia (*Bajo este cien*, Mexico City: Fondo de Cultura
    Económica, 1983)
Rebrote de Franz Kafka (*Bajo este cien*, 1983)
San Francisco de Asís (*Bajo este cien*, 1983)
Balneario La Concha, 1954 (*La garza sin sombras*, Barcelona: Llibres de
    Mall, 1985)

Tondo, en familia (*La garza*, 1985)
Apego de lo nosotros (*La garza*, 1985)
Bienvenida (*La garza*, 1985)
La hora infinita (*La garza*, 1985)
Home sweet home (*El carillón de los muertos*, Buenos Aires: Último
Reino, 1987)
Jerusalén celeste (*La garza*, 1985)
Periferia (*La garza*, 1985)
Kendo (*La garza*, 1985)
Indicios, del inscrito (*Carece de causa*, Buenos Aires: Último Reino,
1988)
El árbol de la vida (*et mutabile*, Xalapa, Mexico: Graffiti, 1995)
La dádiva (*Carece de causa*, Buenos Aires: Tsé-Tsé, 2004)
Siete prosas (*Mezcla para dos tiempos*, Mexico City: Aldus 1999)
Don (*et mutabile*, 1995)   .
El anatema (*La maquinaria ilimitada*, Mexico City: Sin Nombre, 1998)
Encuentro en Cho-Fu-Sa (*La maquinaria*, 1998)
De exaltación (*et mutabile*, 1995)
Naïf: *Cangrejo, me muevo de medio lado...* (*unpublished*)
Última voluntad (*unpublished*)
Gaudeamus (*unpublished*)
Reino (*et mutabile*, 1995)
Ánima (*No buscan reflejarse*, 2001)
Naïf: *Mira, totí, ahí.* (*unpublished*)
Actividad del azogue: *En un jardín dilapidado me reconozco..* (*unpublished*)
        En la página 3, Poemas de Li Ching Chao... (*Y del esparto la
            invariabilidad*, Madrid: Visor, 2005)
        Subo la persiana, entra la noche. (*Y del esparto*, 2005)
        El blanco inasible de lo translúcido... (*Y del esparto*, 2005)
        Li Ching Chao entre sábanas de lino (arrugadas)... (*Y del esparto*,
            2005)
        A la izquierda la columna recoge... (*Y del esparto*, 2005)
Parlamento del nonagenario (*Y del esparto*, 2005)
Inveterado (*AAA1144*, Mexico City: Verdehalago-UAM Azcapotzalco,
1997)
Último recorrido (*Bajo este cien*, 2002)
Reaparición (*Bajo este cien*, 2002)

Vulgata (*unpublished*)
Lecho de muerte de William Blake (*Rosa cúbica*, Buenos Aires: Tsé-Tsé, 2002)
La casa de enfrente (*unpublished*)
Patio ulterior (*unpublished*)
Homenaje a Jack Spicer (*unpublished*)
Danza macabra (*unpublished*)

Kendo

El maestro de esgrima pasó la madrugada en silencio.

Pie

derecho al frente; mano izquierda a la cintura, en jarra; la mano derecha
asida a la empuñadura

de la espada. Alzó

vuelo la grulla; dejó su sombra en vilo sobre un pie,

a los pies

del maestro de esgrima: a sus pies el ciclamen postró sus floraciones.
No se movió

el maestro

de esgrima en toda la noche: las briznas sin sosiego a la intemperie
quedaron sujetas

a la espera. Las hormigas

dibujan con su rastro la sombra del maestro de esgrima que alza en
vilo un pie, inclina

el torso.

Kendo

The fencing master passed the dawn in silence.

Right

foot straight ahead; left hand at his waist, elbow bent; right hand
gripping the hilt

of his sword. The crane

rose up; it left its shadow suspended above the foot,

at the master's

feet: at his feet the cyclamen lay its blossoms. All night
the master

had remained still: outside the grass

trembled, waiting. Ants

trace the master's shadow; foot poised in air, he bends

his torso.

Limpieza general

Había que bajar todos los toldos de la casa,
había que tapiar todos las ventanas del barrio,
antes de abrir en toda su magnitud
la puerta grande del jueves.
Y entonces borraban el cadáver contrito de mi abuelo,
el salfumán, la naftalina, los pasos de Abraham
anunciaban a mi madre chancleteando por los cuartos,
mi madre puliendo los siete brazos de un candelabro,
ordenando los cubiertos de la leche y de la carne,
aplastando las frituras del éxodo y de la abundancia,
mientras afuera la calle era una fiebre de mulatas encendidas,
la calle se desbocaba en la triple iridiscencia de un bongó cubano,
y las tres lindas cubanas movían trémulas las nalgas de una canción,
mientras mi madre ordenaba decisivamente los espejos.

Weekly cleaning

All of the shades of the house were drawn,
all of the neighborhood's windows shuttered,
before the great door of Thursday could be opened
            in all its glory.
And then they erased my grandfather's contrite corpse
the sulphuric, the naphthalene, Abraham's steps a portent
of my mother's slippered progress through the rooms,
polishing the seven arms of the candelabra,
bringing order to the flatware for milk and for meat,
frying the foods of exodus and abundance
while outside was a tumult of inflamed *mulatas*
the street overflowing with the triple flame of the bongo
and three lovely Cubans, their cheeks quivering, swayed to the
            rhythm of a song
while my mother straightened the mirrors for once and all.

Mi padre, que está vivo todavía

Mi padre, que está vivo todavía,
no lo veo, y sé que se ha achicado,
tiene una familia de hermanos calcinados en Polonia,
nunca los vio, se enteró de la muerte de su madre por telegrama,
no heredó de su padre ni siquiera un botón,
qué sé yo si heredó su carácter.
Mi padre, que fue sastre y comunista,
mi padre que no hablaba y se sentó a la terraza,
a no creer en Dios,
a no querer más nada con los hombres,
huraño contra Hitler, huraño contra Stalin,
mi padre que una vez al año empinaba una copa de whisky,
mi padre sentado en el manzano de un vecino comiéndole las frutas,
el día que entraron los rojos a su pueblo,
y pusieron a mi abuelo a danzar como a un oso el día sábado,
y le hacían prender un cigarrillo y fumárselo en un día sábado,
y mi padre se fue de la aldea para siempre,
se fue refunfuñando para siempre contra la revolución de octubre,
recalcando para siempre que Trotsky era un iluso y Beria un
       criminal,
abominando de los libros se sentó chiquitico en la terraza,
y me decía que los sueños del hombre no son más que una falsa
       literatura,
que los libros de historia mienten porque el papel lo aguanta todo.
Mi padre que era sastre y comunista.

My father, who is still among the living

My father, who is still among the living
I never see him, but I know that he's less than he was
his brothers unseen,
incinerated in Poland
and he learned of his mother's death by telegram
his father left him nothing, not a button,
and who knows if he inherited his character.
My father, who had been a tailor and a communist
who never talked who sat on the terrace
who didn't believe in God
and had no use for mankind either
despising Hitler, despising Stalin
my father who once a year tossed back a shot of whiskey
my father gorging on apples in a neighbor's tree
       when the Reds came into town
and forced my grandfather to dance like a bear on the sabbath
and forced him to smoke a cigarette on the sabbath
and my father fled the village forever
ever after hissed his contempt for the October Revolution
forever repeating that Trotsky was a dreamer and Beria a thug
his tiny figure seated on the terrace hating books also, because,
he told me, the dreams of men are merest fiction
the histories are lies, and paper will put up with anything.
My father who had been a tailor and a communist.

Diáspora

La tienda de La Habana está en el polvo,
en el polvo está el dril importado de Irlanda,
y mi padre, judío polvoriento,
regresa día a día con el pan de centeno bajo el brazo.
Regresa día a día, siempre idéntico,
ojos oblicuos de casimir rayado,
no parece un capitán sacudiendo las retinas,
regresa a casa, parece un cráter áspero y alegre.
Viene papá y almorzamos mirando las molduras del techo,
jamás vi entrar el agua, no veo un pez ni una maceta,
mi madre vuelve a pulir la talla de los muebles, cambia las sábanas
      del jueves,
no hemos visto una flor en todos los dormitorios de la casa.
Todas las tiendas de La Habana se han cerrado,
los obreros se han puesto a desfilar enardecidos,
y mi padre, judío polvoriento,
carga de nuevo las arcas de la ley cuando sale de Cuba.

Diaspora

The shop in Havana is dust
and the Irish cotton is dust
and my father, a dusty Jew,
day after day comes home with a loaf of bread beneath his arm.
Day after day, each day alike,
his eyes oblique as striped gabardine,
not like the restless eyes of a captain searching the shallows
he returns to the house, a rough and bubbling crater.
Papa arrives: we eat lunch, our eyes fixed on the ceiling's ornate
        molding,
I have never seen the water come in, have seen neither fish nor
        flowerpot.
My mother enters and polishes the furniture's heavy carving,
changes Thursday's sheets,
no flower ever to be seen in any bedroom.
All of the shops in Havana have closed,
the workers, in a noisy fever, file through the streets,
and my father, a dusty Jew,
carries once more the Ark of the Law
when he leaves Cuba.

La dádiva

Nací en la casa del moribundo; su cadáver está extenuado: no lo
sacudo más, se apaciguó.

Yace, con los pies hacia Oriente.

Son enormes; tronchos, consanguíneos: aún, destilan desde allá lejos
en aquel otro país sus volutas de aroma a camomi-
las; ovaladas: el óvalo de su cabeza rapada se aja
todavía sobre una almohada; y ved, en la funda bos-
quejaron un pez de escamas gualdas la saeta de un
pájaro diagonal: absorto, ora en el lino de la funda;
dista, del blanco sitio del lino: y por piedad se enca-
rama sobre el pez simularon las bordadoras un esta-
llido; del lúpulo.

Sus estambres gualdas reavivaron la escama de los peces.

Yo, las conozco: en sus sillas de majagua con la lira en el respaldar,
bordando; por cada muerto una túnica de arpillera
que huele a sudor o espliego, un pez un pájaro para
reposar la cabeza en el légamo: las bordadoras, li-
man; la cabeza del muerto está lustrosa, lustrosos
sus pies: seda, es la túnica; blandísima arpillera, el
lino de la funda.

Un batracio antiquísimo, el cadáver.

No está mermado: las moscas lo mordisquean, intacto. Un enjambre
de supuración intacto reluce en sus poros, lino abier-
to: todo lo que vuela, es suyo; quieta crisálida. Todo
lo que vuela es extirpado de sus senos cada vez más
recónditos, rebosantes: las bordadoras sacan el hilván
amarillo de la hez de esos fondos, sacuden la oruga.

Exudan, un filamento de vidrio.

The offering

I was born in the house of the dying man; I no longer shake his
    exhausted corpse, he rests in peace now.

He is laid out, his feet eastward.

They are enormous; two stems of the same bloodline: from them in
    that far-off country the scent of chamomile rises in
    spirals; ovoid: the oval of his shaved head withered
    rests as ever upon a pillow; look, they have limned
    on the pillowcase a fish with golden scales the
    arrow's-flight of a diagonal bird: entranced, it prays
    on the linen of the pillowcase; it is far from the white
    space of the linen; its piety empowers it to soar above
    the fish the seamstresses have simulated an outburst:
    of hops.

The scales brought back to life by their golden yarn.

I know them well: they sit to their embroidery on lyre-backed
    mahogany chairs, for each corpse a burlap robe
    smelling of sweat or lavender, a fish a bird for the
    head's repose in the mud: the seamstresses do their
    touch-up; the head of the corpse is luminous, lumin-
    ous its feet: the robe silk, soft beyond softness the
    cloth of the pillowcase.

The corpse of an old toad.

It has not shrunk: flies nibble at an intact body. An intact mass of
    suppuration glows from its pores, an open-work
    cloth: all things that fly are his; the quiet chrysalis.
    All things that fly come forth overflowing from ever
    more hidden cavities: from those depths the seam-
    stresses pull the yellow basting of the dregs, they
    shake the larva.

They exude a filament of glass.

Concavidad, sin cronologías: boceto. Y sobre la cama, no muere: lo
   aderezan. Es nuevo; con una camisa de felpa roja
   anchos pantalones beige, estrujados: en las trenzas
   que cuelgan sobre su pecho entrelazaron guirnaldas
   en flor de las leguminosas: imparcial.

Se incorpora; lo han ayudado.

Sus grandes pies desnudos segregan el orín de los clavos que liban
   en su agujero las hormigas: los pétalos que bajan
   por sus ropas forjan un insaciable avispero amora-
   tado a sus plantas; pájaros de hez peces de lino se
   apresuran, a anegarse: sonríe.

Reconoce en las hormas del espacio, una puerta.

Soles, por Levante: los plateros de la comunidad huelen a cardamomo
   las nigromantes, se desperezan: lo sitúan. Y sacan
   las artesas colmadas en la oval cernida de la harina,
   hacia las plazas: las bandadas picotean en la miga
   de pan que refulge entre sus brazos en alto.

Timeless concavity: a sketch. And on the bed he is not dead: they
dress him. He is renewed: a red plush shirt, wide,
wrinkled beige pants; they have woven garlands of
leguminous flowers through the braids hanging
above his chest: impartial.

He sits up; they have helped him.

His large bare feet secrete the rust of nails that ants sip in their holes;
the petals that fall from his clothing amass in an
insatiable empurpled wasp's nest at his feet; birds
of the dregs linen fish rush to submerge themselves:
he smiles.

He sees in the shoetrees of space a door.

Levantine suns: the local silversmiths smell of cardamom, the
necromancers, resuming their work, position him.
And they carry to the plaza troughs abundant with
ovals of sifted flour: flocks of birds peck at the
crumbs refulgent between his lifted arms.

Te acuerdas, Sylvia

Te acuerdas, Sylvia, cómo trabajaban las mujeres en casa.
Parecía que papá no hacía nada.
Llevaba las manos a la espalda inclinándose como un rabino fumando
    una cachimba corta de abedul, las volutas de humo
    le daban un aire misterioso,
comienzo a sospechar que papá tendría algo de asiático.
Quizás fuera un señor de Besarabia que redimió a sus siervos en épocas
    del Zar,
o quizás acostumbrara a reposar en los campos de avena y somnoliento
    a la hora de la criba se sentara encorvado bondado-
    samente en un sitio húmedo entre los helechos con
    su antigua casaca algo deshilachada.
Es probable que quedara absorto al descubrir en la estepa una manzana.
Nada sabía del mar.
Seguro se afanaba con la imagen de la espuma y confundía las
    anémonas y el cielo.
Creo que la llorosa muchedumbre de las hojas de los eucaliptos lo
    asustaba.
Figúrate qué sintió cuando Rosa Luxemburgo se presentó con un
    opúsculo entre las manos ante los jueces del Zar.
Tendría que emigrar pobre papá de Odesa a Viena, Roma, Estambul,
    Quebec, Ottawa, Nueva York.
Llegaría a La Habana como un documento y cinco pasaportes, me lo
    imagino algo maltrecho del viaje.
Recuerdas, Sylvia, cuando papá llegaba de los almacenes de la calle
    Muralla y todas las mujeres de la casa Uds. se alboro-
    taban.
Juro que entraba por la puerta de la sala, zapatos de dos tonos, el traje
    azul a rayas, la corbata de óvalos finita
y parecía que papá no hacía nunca nada.

Sylvia, do you remember

Sylvia, do you remember the women of the house, how hard they
 worked.
It always seemed that father did nothing.
Smoking his short birch pipe hands clasped behind him he paced like
 a rabbi, mysterious in a cloud of smoke.
Looking back it seems to me there was something asiatic about him.
Maybe he had been a lord of Bessarabia who had freed his serfs in the
 days of the Czar,
or perhaps he would rest in the oat fields and at threshing-time
 sleepily would sit bent forward in his threadbare
 coat in a damp place among the ferns.
I imagine he'd become transfixed upon discovering on the steppe an
 apple.
He who knew nothing of the sea.
Doubtless he would struggle with the image of foam, confusing
 anemones with sky.
Even the weeping mass of eucalyptus leaves would have frightened
 him.
Imagine then what he must have felt when Rosa Luxemburg, tract in
 hand, appeared before the Czar's court.
Forced to emigrate from Odessa to Vienna, Rome, Istanbul, Quebec,
 Ottawa, New York.
Weary of traveling poor father would arrive in Havana like one
 document and five passports.
Do you remember his return from the Muralla Street stores, the women
 of the house quivering with excitement.
I swear to you that when he entered through the living room door in
 two-toned shoes a striped blue suit and a thin tie
 decorated with ovals
it would seem that papa had never done anything.

Rebrote de Franz Kafka

Es una casa pequeña a dos niveles no muy lejos del río en un callejón
    de Praga. En la madrugada
del once
al doce noviembre tuvo un sobresalto, bajó a la cocinilla con la mesa
    redonda y la silla de tilo, el anafe y la llama azul
    de metileno. Prendió

la hornilla
y el fuego verdeció a la vez (tres) llamas en los tres cristales de la
    ventana: olía a azufre. Quiso

pasar
a la salita comedor a beber una tisana de boldo y miel, corrió la silla
    y se acomodó delante de una taza de barro siena
    que había colocado no se sabe hace cuánto sobre el
    portavasos de mimbre a seis colores, obsequio
de Felicia: y una vez más
aparecía Felicia con la raya al medio, las dos trenzas y un resplandor
    de velas en el óvalo blanco de aquel rostro ávido de
    harinas y panes de la consagración, rostro

tres veces
una llamarada en el cristal de la ventana: apareció. Y era una vez
    más la niña tres veces de sus muertos, acudían

al golpe
del triángulo unos músicos de cámara y al golpe de la esquila (las tres)
    en el alto campanario no muy lejos del río: se arrella-
    naron, diez

tazas, diez
sillas en la inmensa casona de las mansardas, la casa en que los
    miradores y las cristaleras (establos y galpones) se
    abrían día y noche, el agua

y las esponjas

36

Kafka reborn

It's a modest two-story house not far from the river on a narrow
　　　　street in Prague. In the early morning
between the 11th
and 12th of November he awoke with a start and descended the stairs
　　　　to the small kitchen with its round table and linden-
　　　　wood chair, its portable stove and methyl-blue
　　　　flame. He lit

the burner
and the fire became at once (three) flames reflected in the window's
　　　　three panes: smell of sulphur. He wished

to go
to the dining nook to drink a medicinal tea of honey and boldo leaves,
　　　　he moved the chair and settled in before a sienna-
　　　　colored clay bowl which he had placed, he'd forgot-
　　　　ten when, on the six-colored wicker tray,
Felicia's
gift; and once again
Felicia appeared her hair in braids and the radiance of candles
　　　　reflected on the white oval of that face greedy for con-
　　　　secrated loaves and cakes, that face
three times
a burst of flames in the window pane: she appeared and was again
　　　　three times the child of her dead, a few chamber
　　　　players

responded to the stroke
of a triangle and the stroke of a bell (at three) in the high belfry not
　　　　far from the river: they took their ease, ten

cups, ten
chairs in the immense country house with its mansard roofs, the
　　　　house in which bay windows and glass doors (barns
　　　　and sheds) were open day and night, the water

and the sponges

37

relucían. Pues, sí: era otra época y un coro de muchachas vigilaba las
teteras (bullir) los eucaliptos (bullir) la mejorana y
un agua digestiva (mentas) aguas

de la respiración: todo
tranquilo (por fin) todo tranquilo, subió los escalones y vio que se
tendía en el cristal de la ventana (por fin) sin una
aglomeración de pájaros

en la ventana.

shone. Yes: it was another time, and a chorus of girls tended the tea
        pots (boiling) the eucalyptus (boiling), the marjoram
        and a digestive water (mint leaves) respiratory

waters: at peace
at peace (at last), he climbed the stairs and saw himself stretched out
        in the window pane (at last) no crowd of birds

in the window.

Balneario La Concha, 1954

Era domingo, cuatro decisiones.

Mi madre nos nutría de linfa, hidromieles: se asomaba papá de
veguero y visera, mangas

cortas. Yo

proponía ir más allá de los cuatro tazones de café con leche, hablaba
de otras ciudades con muros sembrados

de logaritmos

y espirales al almuecín, yo me iba: y mi padre proponía el color
esmeralda de las playas, mamá temblaba. A sus
anchas

temblaba

cuando nos íbamos los dos de casa, padre y varón veteados en un
revuelo de naftas y aceleraciones, dos

fotutazos

de albricia descarada por el amanecer y el domingo, las mujeres en
casa: nos desnudábamos de pelo

en pecho

al llegar a las casetas y mientras digeríamos al sol el desayuno mi
padre recapacitaba acerca del árbol

lila

y los caramelos que robó de niño, su guante blanco de artillero
polaco y el caftán orlado de arabescos policromos

para

La Concha Beach, 1954

It was Sunday, four decisions.

My mother would feed us lymph, hydromel: my father would
    appear with cigar and visor, in a short sleeved shirt.
    I would suggest

that we adventure beyond the four cups of café con leche, I would
    speak of other cities whose walls were seeded

with logarithms

and spirals climbing to the muezzin's perch, anywhere but here: and
    my father would suggest the emerald-colored
    beaches, and mother would tremble. Tremble with
    relief

when the two of us finally left, father and boy stained in a flutter of
    gasoline and accelerations, two

toots of the horn

for a dawn and Sunday of impudent happiness, without the women:
    like real men we would strip

naked

when we reached the cabanas and while we digested our breakfasts
    at ease in the sun my father would think about the
    lilac

tree

and the sweets that he stole as a child, his white Polish artilleryman's
    glove and the caftan trimmed with polychrome ara-
    besques
for use

días festivos, el raído caftán de peregrinaciones: nadábamos un poco
hablábamos otro pedazo de aquellos profetas interi-
ores que escogían a un niño, lo enseñaban

a narrar

y el niño aprendía de golpe, nunca jamás desfallecía. Nadaba

mi padre

como un perro lacio de aguas y lo vi sonrojarse cuando habló de una
amiga villaclareña, tembló

y hablamos

en seguida de su sombrero de nutria y el carromato ígneo de la
guerra: nada

nos detenía ya

y compartimos una mano de mamoncillos bajo la sombra de una
yagua, llamábamos al tamalero

por su nombre y pensamos en casa, traeríamos a dos manos el maní
en los cucuruchos: llegaríamos, dos ráfagas

de sal

a casa mi madre me dio un beso que yo di a mi padre cuando besó a
mi hermana, besamos

el pan

de flauta a la mesa y hundimos las manos en los bolsillos un
momento para hacer silencio y dos genuflexiones,
comprobar un momento que éramos cuatro: el
Maestro

on holidays, the frayed caftan for use on pilgrimage: we would swim
for a while, then speak for a while of those internal
prophets that might choose a child and teach him

to become a teller of tales

and the boy would learn in an instant, without faltering. My father

would swim

like a long-haired dog and I saw that he blushed when he spoke of a
girlfriend from Las Villas, he trembled,

and we would change

the subject to his nutria cap and the fiery war-wagon: nothing could
stanch

the flow

of words now, and we shared a handful of mamoncillos beneath the
shade of a frond, we would call the tamale vendor

by name and thought of home we could bring heaps of peanuts
in paper cones we could enter like two bursts

of salt

and when we arrived my mother gave me a kiss which I gave to my
father when he kissed my sister, we kissed the long

thin loaf

at table and for a moment stuck our hands in our pockets for silence
and two genuflections, proving that at that moment
we were four: the Master

y la noria

con el Vidente y la noria que no abriría en el suelo aún contra nosotros
cuatro un espacio, nos quedan suelo y brisa parsi-
monia y arena en la boca cuajada de canela, gofios
y espléndidas natillas en los cuatro

cuencos.

and the waterwheel

with the Seer and the waterwheel that would not yet dig a space for
the four of us into the earth, there was left to us earth
and a calm breeze and sand in our mouths stuffed
with cinnamon, corn cakes and splendid custards
in the four

bowls.

Tondo, en familia

De mi madre nací, para su resurrección.

En el año

de la primavera tardía, resucitamos al unísono: gacha y artritiquísima
pies rencos la vi salir de casa con la columna verte-
bral de dolores

mater aún; ya

pasaba: el grave asunto, pasaba. Y yo en ella en el remonte de sus
pechos, íbamos

agazapados

de Dios y papá, un momento: fulminados. Qué tibia omega esa luz
que mamé en sus pechos avejentados, mamada

luz

de aquella cicatriz de ciruelo en el gurruño de sus pechos: yo la
encendí, encendí un momento sus pezones. Ju-
gueteamos, éramos un meandro mismo entre los
tallos la superficie de las cañabravas; yo con mi traje,
mamá

descalza: subí. Sólo

han retoñado al unísono los árboles más nuevos del paisaje, la pedí
en arras y en prebendas a que jugáramos a dos alas
a dos

responsos a vencejo

y venceja a dos besos las sienes: me besó. A caballo, jugamos. Y yo
volví al umbral de las vacas, ahíto: de res y ubres,
ahíto. Juntos, entramos: muchacha y muchacho
lavados

Tondo, family portrait

I was born of my mother, for her resurrection.

In this year

of reluctant spring we revive as one: I saw her leave the house,
limping on lame arthritic feet, her spine the back-
bone of sorrows,

Mother still, now

it was over: the diagnosis done. I within her, in the thrust of her
breasts,

hidden

for a moment from god and dad: struck down. What warm omega
that light that I sucked from her withered breasts,
sucked

light.

From that plum tree scar in her crumpled bosom: I set her aflame,
her nipples enflamed for a moment. We frolicked,
we were ourselves a meander among stalks, the
surface of reeds; I in my suit, mother

barefoot. I rose. It was only

the youngest trees in the landscape that had sprouted as one, and I
bid her with dowries and prebends to play with me
the game of two wings, two prayers of swift

and swiftlet my brows

kissed twice: she kissed me. We played at horses. And I returned to
the stable's threshold surfeited: surfeited with cow
and udder. Together, we entered: a girl and a boy
washed

de añil

y cloro; mi madre del brazo de su crecimiento en mi padre, los dos
    en su centro de mi corro infantil, ella de tul él

de frac de

medusas él ella de pistilos para animarnos mucho en nuestro reposo
    y a tenernos de pie, mamá en la esfera de encaje,
    papá muy nuevo de yugo y corbata los dos

consigo.

with indigo

and bleach, my mother emerging from the arm of my father's growth,
    both of them in the center of the ring of my child-
    hood, she made of tulle he of dress

coat and

jellyfish she of pistils to bring us to life while we rest, brief calves in
    the motherly sphere of lace dad still new to yoke and
    necktie both of them each

alone.

Apego de lo nosotros

para Guadalupe

Di, di tú: para qué tantos amaneceres.

Qué año es, era.

Te previne: podría aparecer una pera de agua en el albaricoquero
cargado de frutos, hacerse

escarlata

la savia del rosal; sonreías. Y ahora reímos, rompemos a reír a
carcajadas, blusón

de lino, faja

sepia con un emblema geométrico, también te previne: y ves, un
arpa en el peral del patio, ¿arpa? Tres años

que no llueve

y debajo del albaricoquero hiede a humedad: a gusaneras fortísimas
que devoran cuanto cae, devorarían la propia lluvia

si cayera. Si

cayera, recordaríamos aquel tren de vida metódico que tanto nos
gustaba: mojar

las galletas

de anís en el café retinto (yo te enseñé a decir, café retinto y
carretero; sonreías): mojar. Qué seres

tranquilos. Y

toda tu admiración volcada en aquella frase que nos resumía: "es
que sabemos administrarnos bien." No digas

Attachment of our us

for Guadalupe

Tell me tell me why so many dawns.

What year it is, was.

As I foretold: a pear, an apricot heavy with fruit could appear,
    turning the blood of the rosebush

scarlet:

you smiled. We laugh now, explode with laughter, a linen

blouse, a sepia

belt with a geometric emblem, I foretold this too: and see, a harp in
    the patios's peartree, a harp? It's been three years

that it hasn't rained

and beneath the apricot it stinks of dampness: of enormous worms
    that devour whatever falls, would devour the rain
    itself

if it were to fall. If it were

to fall, we would remember the routine of life that suited us so well:
    dipping

anise cookies in

black coffee (I taught you the phrase in Cuban, and you smiled):
    dipping. What peaceful souls we are, all

of your admiration poured into that sentence that summed us up:
    "we manage ourselves well." Don't say

que no

te previne, había tantas señales: el varaseto que apareció roto
        inexplicablemente el peldaño que faltó

de pronto

a la escalera de coger los frutos ¿del peral, del albaricoquero? Cómo:
        yo lo supe, yo lo supe. Mira,

dormías

aún y me quedé de pronto (tan temprano) en la arista en altas
        celosías en la revuelta de un arco hacia

arriba, quizás

aún dormitas: dos lustros, o dos décadas, ¿pasaron? Qué hubo. Qué

del segundo

movimiento *andante sostenuto*, ¿recuerdas que por aquella época
        descubrimos los poemas del amado Sugawara No
        Michizane, amantísima. Amantísima, del arpa

desciendas, de

los instrumentos de cuerda desciendan tus dedos numerosísimos
        que me toquen al hombro, que me prevengan: la
        mesa, está servida. El plato de cerámica

granadina

con las galletas de anís y frente por frente los dos tazones de café
        tinto. Servida

la mesa

that it wasn't

foretold, there were so many omens: the trellis inexplicably broken,
    the rung suddenly

missing

from the ladder for harvesting pears? apricots? I was sure of it, I was
    sure of it somehow. Look,

you were still asleep

and I appeared suddenly (so early) within an arch at the top of a
    lattice, ascending,

perhaps,

while you slept: a decade, two decades, have they passed? What
    happened

to the second

movement (andante sostenuto), my love, do you remember, our dis-
    covery back then of the poems of beloved Sugawara
    No Michizane? Child of the harp,

from stringed instruments descend your fingers that touch my
    shoulder as if to say: the table is set. The ceramic
    plate

from Granada

filled with anise cookies and two mugs of black coffee across from
    each other. The table

set,

e imitábamos como si hubiera un mayordomo yo fui tu mayordomo
y mayordoma ("la mesa está servida, Señora"), ¿te
acuerdas? Qué

miedo

le cogimos al plato cómo pudo resbalársete de la mano el plato el
número siete la luz crecer de la luna al entrar por el
enrejado de la ventana, irisar

bajo

la campana de cristal las flores del albaricoquero las flores del peral,
flor de tul flor de cera toda esta habitación esta mesa

servida.

and we pretended there was a butler, I was butler and serving girl
("My lady, the table is set"), do you remember? What

terror,

we grabbed at the plate, how could it have slipped from your hand,
the seventh number, the light of the moon increasing
as it entered between the bars of the window, shining

beneath the crystal bell, the apricot flowers and flowers of the pear
tree, flowers of tulle and wax, this room, this table,

prepared.

Encuentro en Cho-Fu-Sa

Escucha, Guadalupe; escribo para ti de soslayo esta imitación tomada
de Pound de Li Po tomada, venerando al imitar, da-
do que mis fuerzas (gracias a lo cual, ahora, todo se
sostiene) flaquean: ya estamos viejos; unos más que
otros, los tres, concomitantes: tres pirámides viejas,
tres barcas en la noche a orinar; un río; Rapallo; un
reparto habanero roído por onzas de carcoma llama-
das tiempo, las onzas relojeras del tiempo, aquí, allá
en la China, y entre la China y aquí, Pound Pound,
péndulo y martillazos la contera del tiempo: hace
falta el punto de la tinta o de la mina del lápiz,
Guadalupe, para clamar a tu figura vaciada desde
hace años de matriz pero llena de frondas, de
receptáculo, oído vivo de José: oye a Li Po a Pound
óyelos traquetear palabras coordinadas, perfección
por encima del tiempo: ellos lo igualan. Qué te digo
(ven a esperarme) ellos lo deponen y continúan, ya
coronan: coronaron, y aquí se cuenta cómo la joven
esposa de un mercader lamenta la ausencia del
amado (¿concibes, Guadalupe, tú que concibes, tales
aguamieles?): era una niña, se hizo casadera, conoció
líbanos, cántaros de leche (ella tuvo que imaginar
tras el conocimiento de amor cosas de libros ajenos,
cosas muy verdaderas a la imaginación, digamos,
de sensibles doncellas de pronto seducidas, a todos
los efectos, por la palma de una mano que tran-
quiliza) recuerda: jugueteaban, y acostumbrados
desde niños (según nos cuentan los poetas) a ofre-
cerse corolas ramilletes y esplendores amarillos que
el Emperador en su aislamiento desconoce, a partir
de los dieciséis años de la amada (tú, a los dieciocho)
fueron ambos esplendor amarillo, viva naturaleza
reducida a un momento de cuatro piernas entre-
cruzadas (recuerda) en tijereta de amor, y fueron
solaz sin interpretación posible: innecesaria; otra
cosa mediaba. El marchó, ella quedó a la espera (tú,

A meeting at Cho-Fu-Sa

Listen, Guadalupe; indirectly I write for you this imitation of Pound
imitating Li Po, honoring by imitation, now that my
energy (which now sustains all things) begins to flag:
we three are old already; some more than others,
all three, contemporaries: three old pyramids, three
ships pissing in the night; a river; Rapallo; a neigh-
borhood in Havana eaten ounce by ounce by the
worm called time, time's clock-chime ounces, here,
in China, and from China to here, Pound Pound,
pendulum and stroke the beat of time: the pen lacks
ink, the pencil lead, Guadalupe, to call forth from
the womb your form, long-since emptied but filled
with fronds, with refuge, José's living ear: listen to
Li Po listen to Pound hear them shifting parallel
words, perfection passing beyond time: become its
equal. What do I say to you (come to await me) they
put it aside they continue, they already crown: they
crowned it, and here they recount the moments like
the merchant's young wife lamenting her lover's
absence (you who conceive, Guadalupe, can you
conceive of such nectar?) she was a girl, she grew to
marriageable age, imagining lebanons, flagons of
milk (she had to learn the matters of love from the
books of others, matters, we say, well fit for the
imagination of sensitive damsels seduced in all their
senses by a calming hand) remember: they played
together, accustomed (the poets tell us) since
childhood to offering corollas clusters and splendors
of yellow that the Emperor in his isolation didn't
know, both, after the beloved's sixteenth year (and
you, at eighteen), themselves become a splendor of
yellow, all of nature for that moment reduced
(remember) to four legs entwining, love's tendrils,
solace beyond interpretation, not called for; some-
thing intervened. He left, she waited (and you will
wait) and in the somnolence of waiting whispered
to Li Po some words gathered by Pound (and here

esperarás) y en la somnolencia de la espera dijo al oído de Li Po unas palabras recogidas por Pound (aquí transcritas): en ellas, Guadalupe, se te menciona a la espera de un reencuentro; y de su particular geografía (porvenir) te escribe José estas palabras: toma entre tus manos, por ejemplo, La Belle Dame sans Merci, toma asimismo She Walks in Beauty y (fair is fair) coge entre tus manos a Marlowe (The Passionate Shepherd to His Love): échate a andar, nada temas, estás guiada: una isla, verdor (hazte idea) azules y carmelitas inenarrables (esto lo digo por ti, ya que amaste más que nadie a la palabra carmelita) (santificada; santificada) adéntrate; atraviesa umbrales; la oscuridad es luz, y deja a un lado esa ciencia de aire que dijera Elifaz guiando a Job, Virgilio a Job, Teresa o Juan o Keats el jovencísimo a Job; llamemos por un instante a Lezama al servicio de otro poeta llamado Julián: todos te servirán, guían todos, todos llaman, dejaré yo entonces de clamar: allégate. A Sadday no le han sido ocultados los tiempos; del esplendor irreversible del tiempo (mira) flor de ciruelo (está en el poema: Pound, Li Po): sigue al paso el trazado de su sombra, llegarás a una cima (las pobres tierras llanas apenas simbolizan): contempla; una ciudad; un joven de veintiséis años, posible mercader casadero subirá por deltas y contracorrientes rumbo a poblaciones extrañas a negociar el asunto interminable de todos los días (morir): ahora está varado el joven (tiene dieciséis años, somos tú); su piel cuajada de manchas arteriolas las ramificaciones y endurecimientos es carne a la diestra de una Perfección: mírala. Sólo, mírala. Adéntrate, hálito. En ti, Guadalupe, reconfortar es natural. Imprímele a quien esperas entre dos orillas dos soplos, un poco de figura y hálito, imprímele otro poco de tu diestra figura (naturaleza) nárrale para oírlo, háblale para

transcribed): in them, Guadalupe, he suggests to you the hope for a reunion; and José from his own geography (in the future) writes these words to you: take, for example, La Belle Dame Sans Merci between your hands, take as well She Walks in Beauty (and fair is fair) hold between your hands Marlowe (The Passionate Shepherd to His Love): arise and go, fear not, you are guided: an island, greenery (understand) blues and unutterable umbers (for you, who have loved more than anyone the word umbers, I utter this) (sanctified; sanctified) plunge in; cross thresholds; darkness is light, and puts aside that science of air that Elifaz would have pronounced while guiding Job, Job's Virgil, Job's Teresa or Juan or the boy Keats; for a moment let's call Lezama to the service of Julián, that other poet: all will serve you, they are guides, all call out, and I myself will cease my clamoring. Come to me. Time was not hidden from Shaddai; out of time's irreversible splen splendor (look) the flower of the plumtree (it's in the poem: in Pound, in Li Po): the trace of his shadow follows his passage, you will arrive at a height (the bereft prairies scarcely symbolic), she calls to mind: a city; a young man of 26, perhaps a marriageable merchant, will climb through deltas and countercurrents towards foreign towns to negotiate the endless business of dailiness (dying): now this young man this maker of wands (he's 16, we are you); his skin caked with stains capillaries branches and hardenings is the flesh of the right hand of a Perfect Being: look at it. Only look at it. Enter, a breath. To comfort, Guadalupe, is your nature. Impart it to whoever you await between two shores between two puffs of air, a little form a little breath, impart a little of your right side (your nature) tell him so as to hear it, speak

escucharlo, y de él (José) vendrá otra vez (Pound) la lluvia (Li Po): no estamos tú y yo dispersos. Es aquí; aquí: el sitio tiene nombre como nombre innombrable tiene tu naturaleza: le pondremos endecha (qué más da); bien sabemos que es para salir del paso, sal a mi paso, que llueve fino (llueve bien) y las florestas de la palabra se han hinchado.

to him so as to listen, and from him (José) will come again (Pound) the rain (Li Po): you and I we aren't separate. It's here; here: this place has a name like an unnameable name that has your nature: here we will call it a dirge (what difference does it make); we know that to escape this pass you must follow my pace, that it rains lightly (rains well) and that the flowery meadows of the word have swollen.

Jerusalén celeste

La mariposa blanca rozó mis prados, un domingo: prados en que
      estoy implicado, llenos de amargón. A la derecha

la laguna que aún me convoca y yo me niego; he de vivir: engordar
      y reír, enrojecer como

un burgomaestre cachetudo, Hals. Qué vi a la izquierda: tráfico. La
      automotriz irrealidad de las ciudades, yo

por mí

me cambié y vi plumones: qué felices que fuimos cuando descubrí el
      domingo de los amargones y cocinaste

al aire libre un pernil grande que tenía la forma de un huso, lo adornaste
      a base

de clavo y maíz,

papas hermosas de Idaho; jugaron al salto de la suiza nuestras hijas:
      eran dos

las mariposas celestiales y si fueran tres hubiera dado igual que fueran
      cuatro, trenzas y cabellos al caracolillo hilvanados
      de azul

y amarillo

en toda la brotación de mis prados: a la comba, nuestras hijas
      subieron altísimamente

a nuestra primera gran convocatoria que fue en el cielo, amada: de
      la cintura te agarré y me provocó

subir

contigo al árbol de cuatro troncos añosos, no hubo manera: qué lindo,
      fracasamos. Reíste de la cintura

The heavenly Jerusalem

On a Sunday the white butterfly skims across my meadows: dande-
lion-filled meadows of my imagining. To the right

is the lake that calls to me, but I refuse it; I shall live: grow fat, laugh,
turn rubicund,

Hals, as any plump-cheeked burgomeister. To the left: traffic. The
automotive unreality of cities, and I,

I turn and see soft down: how happy we were when we found that
Sunday of dandelions and you cooked outdoors

an enormous ham shaped like a spindle, garnished it

with cloves and corn

and beautiful potatoes; our daughters played jump rope: there were
two,

those heavenly butterflies, and if they had been three they could be
four, braids and curly tresses arranged in blue

and yellow

in all the flowery growth of my meadows: at jump-rope our
daughters climbed high up

all the way to our first great gathering which was in the heavens, my
love: I grabbed you by the waist and was moved

to climb
with you onto the tree with four old trunks, but there was no way to
do it: how nice, we failed. You laughed from the
waist

para abajo y me dejé llevar por tus anchas pasarelas japonesas, tu
   viejo puente español de argamasa

y piedra, nos picó una hormiga: sonreímos; la hinchazón y aquel
   timbre a músicas lejanas nos amedrentó

como si hubieran caminado las niñas sobre las aguas de la laguna a
   la derecha

y por la izquierda

de pronto hubiera rezongado el destructor de la ciudad

tachonada.

down and I let myself be carried across your wide Japanese bridges,
   your old Spanish masonry bridge, an ant

bit us: we smiled; the swelling, and the distant chime of music
   terrified us

as if the girls had walked across the surface of the lake and back
   again

and the spangled destroyer of the city

grumbled.

Home sweet home

Ya pasaron: aquellos días de verdadera agitación.

Hay una gotera en el cuarto de la niña, dejó de rezumar (pese a que
llueve) (llueve) está ahí la gotera, no rezuma: el Ben-
dito.

En casa, hay cinco relojes: detenidos.

No obstante el que funciona, espeluzna: son así estas cosas estas
noches (lapsos) o la luna a franjas por la persiana o
el respaldo en sombras a travesaños de la silla, en la
pared (una reja).

Sonó el teléfono, no contesta el vecino qué le pasa.

Qué habrá pasado: la correspondencia se me fue acumulando asimismo
el trabajo asimismo un catar de vinos nuevos o el
sonido de la cigarra que es verano: Máximo acaba
de telefonear que lo del médico el veredicto estas
cosas son así (suceden) indescifrables.

Lo de todos los días: iba a escribir otra cosa, se me olvidó.

Todo tiene su dificultad pese a que el duelo con pan, mejor se sobre-
lleva: qué extraña carne somos (carne cuaresma de
carnestolenda conocedora carne de continuidad) y
somos visitados según la señal su índice su antojo.

¿Aceptemos?

Personalmente, yo me niego (claro, es un lujo que me puedo dar yo
tengo mi casa) soy propietario de un chalet de
ladrillos tejado a dos aguas azotea que si no fuera
por los chapapotes los cuartos de casa se nos
mojaban.
¿Y?

Home sweet home

They've passed, those days of deep anxiety.

There's a leak in the girl's bedroom, which stopped (although it's rain-
ing) (it's raining) the leak is there, but it doesn't leak:
oh Blessed One.

There are five stopped clocks in the house.

But the one that works is terrifying, as are these things these nights
(these lapses) the moon divided by the blinds or the
shadows of the chair struts on the wall (a strip of
shadow).

The telephone rings, but the neighbor doesn't answer what's going on.

What could have happened: my mail's been piling up, like my work,
like the tasting of new wines or the sound of the ci-
cada that signals summer: Maximo just called with
the doctor's verdict that's the way it is (things hap-
pen) they're a mystery.

The everyday: there was something else I was going to write, but it
slipped my mind.

Nothing comes easy despite the safety net it's better to keep going:
what peculiar flesh we are (shrovetide flesh of the
connoisseur flesh of continuity) and we are stricken
at the sign his finger pointing his fancy.

Does he want us to accept this?

Me, I refuse (a luxury I can afford, of course–I own my house) propri-
etor of a peak-roofed chalet, the water coursing down
each side if it weren't for the tar we'd be afloat in-
doors.

And then?

Seríamos peces sábanas recién blanqueadas seres hospitalarios lavados
por el agua viva que rezuman las mamposterías (y
qué otra cosa tiene uno sino cuatro paredes): bien
que reflejan su sombra en la pared las macetas del
alféizar la begonia florida sobre la antigua cómoda
Shaker del dormitorio con el Cristo mexicano la vaca
en lasitud de goma.

Ésa es tu infancia, ¿verdad?

Bravo por ti por tus vacas de goma los mugidos del agua en las charcas
(bravo) por la quietud del viernes con nuestros char-
cos de vino tinto al fondo del pozo los cuatro pasos
bovinos escaleras arriba camino de la cama por el
recodo veremos esta noche el carillón con doce
efigies en la torre de Praga.

Viva: y que vivan los olores de casa.

Ya paró de llover no tiene muertos el campanario sólo yo y mi deseo
(sólo yo y mi deseo): el periódico algo revuelto sobre
la cama matrimonial (por la ventana la espesura de
los sicomoros aunque si mal no recuerdo este mes
este mes estamos en febrero) un interruptor da o
niega la luz no tengo mayor deseo que mi cansancio
los libros en las repisas la saetilla del reloj hacia atrás
en noviembre con el árbol en frondas (frondas) del
árbol.

Mujer, mía: sé somera (huelga decirlo) qué bien te podaron la
cabellera, Juana de Arco.

Medieval señora: el orden en ausencia o en actualidad es igual a sí
mismo como las tablas rasas (después de todo qué
inocentes fuimos) de nuestra primera y segunda
procreación matrimonial que produjo la vasija y
(dentro) la gota espesa de almizcle y aun más dentro
el diminuto cáliz matrimonial de la respuesta.

We'd be fish bleached sheets hospitable creatures awash in living
    waters oozing through the stone walls (what else
    does one have but a house): though the flower pots
    in the window the begonias blossoming on the an-
    tique Shaker dresser in the bedroom with its Mexi-
    can Christ and lazy rubber cow cast their lovely shad-
    ows on the wall.

Is that really your childhood?

Congratulations, for your rubber cows the water lowing in the puddles
    (congratulations) for the Friday silence our red wine
    in puddles at the bottom of the well four bovine steps
    up the stairs around the bend to bed tonight we'll
    watch the clock with twelve saints in the tower of
    Prague.

May it live: may the smells of the house live also.

The rain has stopped the clocktower hides no corpses just me and my
    longing (just me and my longing): the marriage bed
    spread with newspaper (through the window the
    dense foliage of sycamores though if I'm not mis-
    taken this month this month it's February) a switch
    grants light or denies it I have no longing greater
    than my weariness the shelved books that clock stuck
    in November the tree still leafy (the leaves) of the tree.

Wife, my wife: no bones about it (no need to say it) how close they
    clipped your hair, Saint Joan.

Medieval lady: order absent or present is the same within itself as the
    blank slates (how innocent we were then) of our first
    and second procreative times together that brought
    forth the vessel and (within it) the thick drop of musk
    and deeper still the tiny matrimonial cup of assent.

Bien que estuvo.

Hecho: dos hijas unos cachivaches que sin quererlo se fueron amonto-
nando o la lámpara 1929 (su tulipa, beso) con forma
de milenaria seta azul sobre dorado (pasó la feroci-
dad) (puedo andar: cruzar dos palabras con la Idiota)
bonito peldaño que acaba de crujir (supongamos que
duermen) (supongamos que la maternidad las arru-
lló) (entra) (entra) la habitación (nos ajusta).

A good thing.

Note: two daughters a pile of things accumulated of themselves the
    lamp circa 1929 in the form of an ancient blue and
    gold mushroom (its ferocity gone) (I kiss its shade)
    (I can wander, and exchange a phrase or two with
    The Idiot) a lovely step that always creaks (Let's as-
    sume they're sleeping) (Let's assume that mother-
    hood has lulled them to sleep) (she enters) (she en-
    ters) the bedroom (it suits us).

Último recorrido

Nuestro reparto es burgués pero no en extremo.

Las fachadas de las casas son uniformes, están pintadas (parejo)
incluyo mi casa, por dentro (en la imperceptibilidad
donde las cosas tiemblan) necesitada de una buena
capa de embellecimiento.

Salgamos, sin embargo, salgamos: es la estación violeta de las acacias
en flor, en cada jardín de cada casa una acacia en
flor, limoneros en flor, el de mi casa relumbra
amarillo, está frutecido, buenas piezas amarillas los
limones, y más sus sombras temblando a la entrada
de casa (dos macetas) ácidos geranios en flor, luego
abriré de un tajo un limón, desbarajuste de hormi-
gas y sombras ácidas los pétalos del geranio.

Una casa otra casa: y la ley de la madre en todas las casas, a cada
caso en su caso esa Ley.

Me voy, aquí la vida se ha vuelto intolerable, y eso es cosa mía.
Intolerable, lo sé, será en cualquier parte, sólo que
no tolero que sea intolerable aquí, en mi casa.

Y prendo fuego, todo arde. Vámonos ya a la quema de nuestras cosas,
sombras y fachada, que es la estación violeta: dónde
está el azor, dónde está la fuente del agua y dónde
el contorno rojizo del pájaro que estuvo en el aire,
sostenido, y ahora tiembla en la quema del agua.

Ascuas las telas; un delantal liso de percal con un ribete dorado,
rescoldos: y la mampostería (fuente impermanente
de durabilidad) se ha ennegrecido.

Ahora caigo yo, fueron ácidas mis pequeñas virtudes, no me pude
zafar de la ley que no se ausenta: la ley que todo lo

The final journey

We live in a more-or-less middle-class neighborhood.

Uniform housefronts, painted (the same) my own included, within (in
the hidden space where things tremble) could use
some sprucing-up.

Let's go outside anyway, let's go outside: it's the violet season of aca-
cias in bloom, an acacia in bloom in each garden of
each house, the lemon trees in bloom, mine resplen-
dent yellow, bearing fruit, perfect lemons, and shad-
ows of (two pots of) sour geraniums in bloom tremble
at the front door, I'll slice a lemon later, a scattering
of ants and sour shadows the geranium's petals.

One house and the next: in all the houses the law of the mother, this
Law in every case.

I'm leaving, life here has become intolerable to me. Intolerable any-
where, of course, but I won't tolerate the intolerable
in my house.

I set it ablaze, everything in flames. Let's proceed to the burning of our
things, shadows and housefront, that is this violet
season: where is the hawk, where the fountain and
where the ruddy outline of the bird that floating rode
the air, and shivers now in flaming water.

Cloth becomes burning coals, a simple apron trimmed with gold be
comes embers: and the masonry (impermanent foun-
tain of durability) has blackened.

I fall now, my little virtues were sour, I couldn't evade the law that
never leaves: that death sustains everything, and I

sostiene: la muerte la sostiene, y yo voy del vaivén a la fija euforia petrificada, ya voy a mi caso extremo, paso la vista (¿a pie?) de un reparto a otro, de fachada en fachada no se prolonga el punto de la estación violeta.

journey from coming and going to a fixed, stony euphoria, I journey to the edge, I cast my eyes (in passing?) from neighborhood to neighborhood, from housefront to housefront: the moment of this violet season will not lengthen.

Indicios, del inscrito

Está la yema del dedo corazón de su mano derecha en la extensión
del versículo que dice Isaías (5:24) todavía está
húmeda la yema del dedo índice (húmeda y grana)
se derramó (ése) (ése era Elías, en lo alto) en el recto
apresuramiento de la yema de aquel dedo que
recorre en toda su extensión un versículo (se detuvo)
derramaron, la copa: David, con el arpa ante la silla
(Dios, mucho mayor) el orín (traba) las cuerdas del
arpa (al menor toque) se desmoronará: ése, fue un
rey insaciable; y éstas ya son sus generaciones
venideras como aquél que se sentara a la cabecera
de la mesa (rapado) (miope) se mece se inclina ah
se emociona (y se ladea) es servicial es recto está
embriagado de que haya cundido tanta desolación
contra Jerusalén reyes inacabables cabalgaron hasta
la frontera del limo, se desmoronaron: (él) señaló
con aquel dedo índice las atalayas que parecen
lienzo blanco calcinado (señaló) las fronteras en que
Adonai varó los ganados hizo incendiar la túnica
de los jinetes (embriagados, de sí) cabalgaron hacia
la frontera (él) los señaló en el versículo donde dice
fuego dice calcinación (óseo) espectáculo el ganado
varado en aquella frontera de sí (no hay más rumbo)
el esqueleto de la vaca está oxidado (orín) las
cuerdas: rey David (*yom*) la noche.

El dedo de mi abuelo Isaac o Ismael o rey ahora sin nombre o de
nombre Katz o de nombre Lev o corazón de Judá
(señala) la palabra donde se detuvo la recta maraña
de las palabras, rey extranjero: el dedo, sobre la boca
del hormiguero.

5:24, el fuego: óseo.

La huella digital es lo que queda la uña tiene voz aún para algún aleluya
en la cuerda del arpa.

Traces, of the inscribed

This is the tip of the longest finger of his right hand tracing the length
of the verse of Isaiah (5:24) still moist (still moist
and red) it overflowed (it overflowed) (that one was
Elijah, on high) in the precise rush of whatever
fingertip traces a verse's entire length (he stopped)
they overflowed, the cup: David, harp in hand be-
fore the throne (God, much the greater) rust (binds)
the harp strings (at the slightest touch) will crumble:
he, that insatiable king; and these now are his
generations to come, like he who sat at the head of
the table (shaven head) (myopic) he shakes he
genuflects he's overcome (and sways) he's helpful
upright drunk on that which has brought down on
Jerusalem so much desolation eternal kings who
galloped to the borderline of slime, crumbled: (he)
with that finger he pointed out the towers that shone
like whitewashed linen (he pointed out) the
borderlines where Adonai ran the cattle aground
ignited the cloaks of the riders (drunk on
themselves) they galloped to the border (he) he
pointed to them in the verse where it says fire says
burning (bone) spectacle the beached cattle on that
borderline of itself (no other way to go) the skeleton
of the cow oxidized (rust) the strings: King David
(*yom*) night.

The finger of my grandfather Isaac or Ishmael or king now nameless
or Katz or Lev or Heart-of-Judah (pointing to) the
word where the precise thicket of words stopped,
the foreign king: the finger, covering the mouth of
the anthill.

5:24, flame: bone.

The fingerprint is all that's left the fingernail resounding still
through some harp string hallelujah.

Traigan, su arpa: los batientes de la ventana del rey David el alféizar
de su ventana hasta todo lo alto de las atalayas son
lienzo derramado, en descomposición: en descom-
posición, el arpa.

Alabémoslo: Él entiende sus cosas; Él entiende lo vivo en el objeto
varado: el agua o el vino de las crecidas, pasada la
frontera: Elías, a la cabeza de la biga de los jinetes
que cabalgan.

El dulce yugo, del sueño: se cumplió.

Cumplido: pasada (*yom*) la quinta hora de la tarde del mes cinco del
día veinte (es concreto: mi abuelo) el dedo índice
(suave) posado sobre la rienda de su cabalgadura
(suave) el versículo que lo guiara lo guía a la pe-
queña frontera (concreta) de su hormiguero.

Entre jinetes: señalado.

Todos, igual: el brazo izquierdo marcado por el fuego de las filacterias
(marcados) los hombros por la voz del lino en el
manto incendiado que recubre los hombros por igual
de uno o éste (otro) o aquél, por igual todos reyes.

Sus monturas, apestan: el contrito que expió, apesta.

Mas es alheña el hedor (bodega olorosa a pasas) la muerte sobre el
abuelo (su fornicación) una planta aromática.

Está, en la sala: a la cabeza de la grandísima mesa con la gran arpa
de su visión a la mano derecha de su postura, de-
lante del libro.

Y al pie del arpa, un tibor: para que escupa.

Bring, oh bring his harp: King David's shutters windowsill and
everything to his topmost towers are spilled linen,
rotting; the harp, rotting.

Let us praise Him: He understands His ways; He understands the
life of beached things: water or wine of the freshets,
across the border: Elijah, at the head of the yokes of
galloping horsemen.

The sweet yoke of dream: it is fulfilled.

Fulfilled: passed (*yom*) the fifth hour of the afternoon of the fifth
month of the twentieth day (precisely, grandfather)
the (soft) index finger resting upon the (soft) rein of
his mount the verse that's to guide him guides him
to the small (precise) border of the anthill.

Among the horsemen: singled out.

All, alike: the left arm marked by the philacteries' flame shoulders
(marked) by the voice of linen in the burnt cloak co-
vering his shoulders like one or that (other) or any
at all, they are all kings.

Their saddlery stinks: and he who atoned stinks.

But it's the stench of privet (the shop redolent of raisins) death upon
grandfather (its fornication) an aromatic plant.

He's here, in the living room: at the head of the enormous table, the
great harp of his vision to the right of where he sits
facing the book.

And at the foot of the harp a spittoon: for spitting.

Su muerte sus cabalgaduras su galope ritual de palabras (extran-
jeras): compuestas; de semillas de cardamomo
(semillas) de cártamo para la unción nupcial de su
manto su baldaquino su bonete ritual (ungido) por
la gota (nupcial) de vino que guarda bajo la lengua:
muerto.

Todo (ungido) a su alrededor.

Y mucho más allá, entre circunferencias: en la frontera ulterior, la
sala.

En la sala, una planta cubana de interior: la areca se reprodujo.

El alféizar de la ventana es de piedra inmortal.

Los batientes de la ventana son de boj inmortal que ni galernas ni
ciclón de hormigas ni descomposición ninguna,
alteran.

Mi abuelo es de la fila genealógica de David, ante el arpa: jovenzuelo.
Entre colgaduras. Entre jaeces. En sus pabellones.
Todo el brazo derecho extiende al máximo el arma
ritual del arquero (extiende) la ballesta al máximo
de ballesteros en sus atalayas la flecha que disparará
es bodegón de palabras un bodegón de líquidos que
su unción, derrama: desde allá, toca la casa toca la
mesa grandísima de pascuas a que nos sentamos:
ésta (la silla) éste (el respaldo) éstos los jueces
envarados que nos juzguen: éste es el libro de Isaías
(abierto) en el versículo correspondiente del día en
que corresponda reunirnos como hojarasca calci-
nada del Señor, a bajar la cabeza bajo el peso con-
templativo de las palabras extranjeras que al son de
arpas al son de cítaras muy interiores elevaran a
Elías muy en lo alto guiado por una biga ungida de
caballos (nada) lo ataja: soy libre; de imaginación

His death his mount his ritual gallop of (foreign) words: compounds;
seeds of cardamom (seeds) of safflower for the nup-
tial anointing of his cloak his canopy his ritual yar-
mulke (anointed) with the (nuptial) drop of wine that
he holds beneath his tongue: dead.

Everything around him (anointed).

And farther off, among circumferences: at the final border, the living
room.

In the living room a Cuban houseplant: the betel palm, fecund.

The windowsill is carved from deathless stone.

The shutters are deathless boxwood that neither northwesterlies nor
a whirlwind of ants nor any form of decomposition
alters.

Of the line of David, my grandfather before the harp: a youth. Among
tapestries. Among harnesses. In his pavilions. Right
arm completely extended the archer's ritual arma-
ment (extended) completely the crossbows of the
bowmen in their towers the arrow he will shoot is a
still-life of words a still-life of liquids anointing,
overflowing: he touches from there the house he
touches the enormous passover table at which we
sit: this (the chair) this (its back) those the rigid
judges who sit in judgement of us: this is the Book
of Isaiah (open) to the verse corresponding to the
day which corresponds to our coming together like
a pile of the Lord's charred leaves, bowing our heads
beneath the contemplative weight of foreign words
that at the sound of harps of intimate citharas lifted
Elijah unto the highest led by a team of anointed
horses (nothing) interrupts his passage: I am free;

soy libre. Columbro las arpas del rey David, sus ata-
layas: (embadurno) su cuerpo con aceites aromáticos
de cardamomo la yema de mis dedos tocada de
eneldo lava la viva cavidad bucal de David: gran rey
gran estirpe, los muertos.

Éste, desciende de Israel: se llama Isaac (es concreto) está muerto
(mi abuelo) a veinte de mayo, casi entrada la noche.

Y ahora es que recorre los versículos inalcanzables del libro cada
palabra que toca la yema de uno de sus dedos de la
mano derecha, se abre: en la frontera (se abre). Pasada
la raya de guerras (raya) de la embriaguez (toca) la
yema del dedo sobre dulcemente sobre casi imper-
ceptiblemente en el libro, palabras: una es silla una
es cuero una pergamino (todas) caballo.

free to imagine. I can see King David's harps, his
towers: (I spread) oils of aromatic cardamom across
his body my fingertips dipped in dill cleanse King
David's living buccal cavity: great king great lineage,
the dead.

He, descendant of Israel: his name is Isaac (palpably) this corpse
(my grandfather) on the twentieth of May almost at
dusk.

And it's now that he traces the unreachable verses of the book each
word that a finger of his right hand touches is
opened: at the border (it opens). Passed the line of
war (the line) of intoxication the fingertip (touches)
upon sweetly upon almost imperceptibly in the
book, words: and one is chair one leather one
parchment (all of them) horse.

La hora infinita

En el reloj del Emperador falta una manecilla. El

horario

transcurre y calcula: el minutero derrama sus hormigas sobre
las noventa y nueve cabezas

de los súbditos.

The infinite hour

The Emperor's watch is missing a hand the

hour hand

passes by, counting, while the minute hand spills its ants all over the
ninety-nine heads

of his subjects.

Bienvenida

Un canal

de aguas lívidas cruza el desierto de Gobi en toda su extensión.

En el juego

de los eslabones se extravió un Emperador de la dinastía Sung.

Pasa

a caballo ida y vuelta día y noche, raudo: a su paso se quiebran
las aguas (se amansan) recogen

la lenta

configuración de una bestia de carga. Y cada siete años (séptimo
día de un séptimo mes) dimana

una luz

del fondo de aquellas aguas, el Emperador (inmaculado) y su
corcel (inmaculado) se refugian

por fin

en una misma sombra y los pueblos festejan la cordura.

Welcome

A canal

of livid water extends the length of the Gobi desert.

Day and night

a Sung Emperor

lost in the chain of chance

gallops back and forth on horseback. At his step the water is
broken (tamed) it assumes

the slow

outline of a beast of burden. And every seven years (on the
seventh day of a seventh month) a light

emanates

from the depths of that water, the Emperor (immaculate) and
his mount (immaculate) take refuge

at last

in a single shadow and the people celebrate his wisdom.

El árbol de la vida

En las Antillas Mayores se asomó a escuchar el vuelo de una tojosa.

El vuelo forjó la forma de una Isla de las Antillas Mayores: ya está la
Isla con los ciclones las guásimas la lengua materna
acabó por fin de nombrar aquellas cosas en el fondo
insondables.

Cómo explicar de otra manera que al cerrar a cal y canto la ventana
se transportara de la penumbra a una luz sin huellas
la nevada cubriendo en toda su extensión el territorio
nacional, dejen sola a la cuerva en medio de la borras-
ca, la luz teje violeta una fruta por dentro al pie de
la cuerva (hinchada) el hambre sólo el hambre la
inclina a desollar a ambos lados de su sombra una
alimaña.

The tree of life

The Greater Antilles began to appear at the sound of a pigeon's flight.

The flight fashioned the contours of an island of the Greater Antilles;
the island now of hurricanes, guásima trees, the mo-
ther tongue finally done with naming those things
at their hearts unsoundable.

How else could one explain that the act of sealing the window would
transpose from semi-darkness to a trackless light the
snow covering the length and width of the nation,
let the raven be left alone in the midst of the squall,
the light renders violet (within it) the fruit at the
foot of the raven (puffed out against the cold), hun-
ger only hunger could convince it to pick the skin
from some animal, tossing it back and forth across
its shadow.

Naïf

Cangrejo, me muevo de medio lado.

De lado y medio, con gran esfuerzo, soy un unicornio artrítico, la
virgen del espejo.

Este oído interno lo heredé del perro mudo de la Isla de Cuba: son las
doce y diez, el mundo está bosquejado: bosquejo
del bosquejo de Dios (se tomó su tiempo) nos dio
mano izquierda (Dios, retozón): investir a los seres
de la Creación con rúbricas de omisión, mermarlos
designándolos, llamar vaca a la corneja, asignar a la
ternera el apelativo qué corresponde al escarabajo:
Dios, sin duda, retozón.

Todo tiene solución (doy un ejemplo): mayor de edad (tocado) a modo
de ejercicio me propongo caminar el kilómetro que
lleva en línea recta de casa a la bodega donde por
regla general me abastezco: son las doce y diez,
índice derecho en alto doy orden de detenerse al
sol, en la distancia los labriegos se vuelven de repente
estatuas (sean de bronce o fiemo o mármol): doy el
primer paso; cosa curiosa, y quizás sea lo que me irá
a sostener, arranco a caminar con los primeros acor-
des del Septeto (*opus* 20) (movimiento tercero, *Tempo
di Menuetto*) de Beethoven, fijo la vista en los puntos
uno a uno que constituyen más allá de toda aporía
la línea recta que lleva a la bodega: meandros; dis-
quisiciones; la hila que se me va se me fue a bolina;
el problema árabe israelí; la salud de mi madre; acha-
ques de próstata; volutas; los seres inocentes suben
al Cielo por una escalera de caracol.

Mareado (ésta es mi verdadera condición) en mí trifulcan el can con
el unicornio, la hormiga festiva a la carrera a mero-
dear al cangrejo de río que acaban de aplastar de
una pedrada (querrá cerciorarse primero; hace bien):
tal la función de la piedra, la hormiga, la mano, el

Naïf

A crab, I move sideways.

Aside and then some, with enormous effort, I am an arthritic unicorn,
it's the 70th birthday of the virgin holding the mirror.

This middle ear I inherited from the mute dog of the island of Cuba:
it's 12:10, the world is mapped out, map of the map
of God (he has taken his time) it's a free hand he gave
us (a mischievous God): to invest in Creation's beings
under the rubric of omission, reducing them, naming
them, calling the crow cow and the calf beetle: the
God, mischievous, certainly.

Everything has its solution (for example): older (wearing a hat) for
exercise I propose to myself to walk the kilometer
that leads in a straight line from home to the grocery
store where as a rule I stock my larder: it's 12:10, I
point my index finger skywards and command the
sun to stop, in the distance peasants become sudden-
ly statues (bronze, manure or marble): I take the first
step, strangely–and perhaps it's this will keep me
going–I set forth at the first chord of the Beethoven
septet (opus 20) (third movement *tempo di menuetto*),
I concentrate on the view, point to point, constituting
beyond all aporia the direct line to the store: wan-
derings, disquisitions, the thread that leads that led
away from me a bowline; the arab-israeli conflict;
my mother's health; prostate problems; volutes; the
innocent climb to heaven on a spiral staircase.

Dizzy (my true condition) within me the hound and the unicorn
squabble, the festive ant rushes to the river where it
spies a crab that's been crushed with a stone (it will
want to make sure, as it should) the function of stone

cangrejo (incluso las pantanosas aguas de un río): ¿cómo salir de estos aprietos? Sencillo: no barruntar. En todo instante saber ahuyentar los malos pensamientos, donde dice muladar poner la imagen de una perinola, al entrar a la iglesia se nos recuerda que morir habemos (y demás retahíla) de un manotazo espantar la mosca teológica, mosca fétida de los osarios: alzar zampoñas. Y al regreso de la caminata que a diario emprendemos al atardecer detenernos (la mano en el picaporte) en el umbral de casa, cerrar los ojos (entrar, a ciegas) (ved, se trata de un juego; quizás un ejercicio mental o parte de las pruebas diversas que quedan por realizar para acceder a la vía iluminativa) concebirnos (en tinieblas) mantis ante un Libro de Horas.

ant hand crab (and the river's swampy water as well): how to evade these problems? Simple: don't guess. Knowing to banish bad thoughts at each instant, when it says dung heap imagine a spinning top, when we enter the church it reminds us that to die we must (whatever) with a slap scare off the theological fly, the fetid fly of the bone yards: raise up the panpipes. Returning to our daily sunset walk we stop (hand on the doorknob) on the threshold, closing our eyes (so as to enter, blind) (see, it's about a game; maybe a mental exercise or the various tests left to make real the access to the illuminative way) (in the dark) we discover ourselves a praying mantis before a Book of Hours.

Naïf

Mira, totí, ahí.

Allí, tijereta posada en el tendido eléctrico.

Ésa, la dama recogiendo la colada puesta a secar hace dos días, está
matadora la humedad en esta época del año.

Ahora visten las flores su mejor oropel, sendas telas de los ilustres
telares de Japón: rojos quimonos, azul tergal ripiado,
voz de soprano el paso de la brisa por los campos
floridos: el otoño es inevitable.

Un búho un búho y salimos huyendo guiados por el vuelo de una
bandada de gavilanes. La dama planchó, dobló la
ropa, se asustó con un juego de interioridades
compuesto de formas intermitentes, sombras contra
la pared, revuelo de enaguas: se tranquiliza pensando
que la carne semeja algodón. Cerró la gaveta. ¿Dón-
de habrá dejado la llave doble? Seguro que el búho
la oculta en lo más tupido del bosque, por Dios, que
no toquen a la puerta, se da vuelta la dama, la cama
está deshecha.

Totí, búho, y girasoles, gozan de beatitud al ponerse el sol. Tamañazo.
Da miedo. Tanto centro. Se van a quemar los chinos
al otro lado del planeta. No hay quimono que absorba
tanta concentración del rojo. Del abstraído azul del
cielo este amanecer, allá. Sólo los seres humanos se
amedrentan de las proezas micrométricas de Dios.

Dama, dama, sienta cabeza, regresa a tus cabales de antes de nacer:
vete arreglando la casa que viene visita. Una mano
con la llana y la lechada a los desconchados; punto
aquí y punto allá, cruceta, lo bordado. Recose la
urdimbre de las colchas que no se vean los zurcidos:
orea y orea. Llega el búho del brazo del gavilán,

Naïf

Look, there, a blackbird.

And there, a scissortail, perched on the power line.

And there, that lady bringing in the wash–it's hung two days to dry, the humidity's brutal this time of year.

Now the flowers dress in their finery, bolts of cloth from the most famous looms of Japan: red kimonos, torn blue polyester, the breeze through flowered fields a soprano song: autumn inevitable.

An owl an owl and we flee, led by the flight of a flock of kestrels. The lady ironed, folded the clothes, was startled by a flickering of transient, intermittent forms, shadows on the wall, the fluttering of petticoats. The thought that cotton looks like flesh allayed her fear. She shut the drawer. Where had she left the key? The owl must have hidden it in the depths of the forest, please god, let nobody knock at the door, she turns around, the bed's a mess.

Blackbird, owl and sunflowers rejoice in the beatitude of sunset. Gigantic sun. Scary. Too hot. It's going to burn the Chinese on the other side of the world. No kimono can absorb that much red. And over there this dawn the abstract blue of sky. Humans alone are frightened of God's smallest doings.

Lady, lady, calm yourself, return to the senses you had before you were born: look you're sprucing up the house for visitors. A hand on the trowel and whitewash for the flaking wall; a stitch here a stitch there, cross-stitched, embroidered. She darns the warp of the bedspreads, invisible mending: she airs and airs. The owl arrives

preceden las tijeretas, dos chingolos a cada lado, el
novio viste (convencional) frac, chorreras, copa alta,
blanca pajarita. Bésalo en la nuca. Y bésalo agujero
a agujero nueve veces. Ábrete, dama, a los extremos
del calor, siéntate a la mañana a la puerta de la casa,
patio interior regado (con acopio) tu matriz.

on the kestrel's arm, the scissortails precede them, two sparrows on either side, the groom dressed (as is the custom) in tails, ruffles, top hat, and a white bow tie. Kiss the nape of his neck. And kiss him nine times, once for each orifice. Open yourself, lady, to the utmost heat, in the morning seat yourself in the entryway, your womb a well-watered garden.

Gaudeamus

Ya estoy adentro, ámbar.

Adentro se desliza un olor a miel.

Cae en su olor una gota (ámbar) refulge un aroma.

Espesa podría estar aquí adentro la circulación arterial, espesas estarían
las espesas funciones del organismo: soy un panal,
un hormiguero circula entre mis arrecifes (celdillas)
ebrio brota a la superficie: pura corteza soy. Un en-
cierro (ámbar) de mieles filtradas, iris de luz ful-
gurando.

Salgo, estaba todo mal visto: una mosca se ha estado golpeando en
el cristal de la ventana, un hilillo de polvo recorre
desbaratándose (cenefas) (quizás un jeroglífico
verdadero) la superficie a punto de trizas en la
ventana. Ahora es (soy) todo verdadero: ahí estoy.
Sé que me veo. Un punto, y me asomo, me oigo gol-
pear desde el mundo exterior la ventana. Insípido.
Rodeado por un aura inodora. Nada. Nada. Sólo un
desbarajuste de palabras (afuera) de sus esferas. De
su circunscripción. Ese desatino, las palabras: su
(ámbar) oloroso hacia adentro.

Ya estoy a la salida, hacia adentro.

Y miro por la ventana al interior de una habitación, es verano, azul y
vuelan, azul y miro formas espesas revolotear en el
calor ahí adentro, del panal a la flor, y en el cristal
de la ventana se refleja el búcaro repleto de muguete,
helechos, sobre la mesa: y yo rozo con la yema de
los dedos (persuadido) el reflejo del búcaro en la
ventana.

Gaudeamus

Now I am within, amber.

Within, where the scent of honey slides.

Within its scent an (amber) drop, a fragrance, shines.

Here within arterial circulation thick, the thick body's thick functions;
I am a honeycomb, a colony of ants circulates be-
tween my reefs (cells) sprouts drunken at the surface
I am pure bark. An (amber) enclosure of filtered
honey, an iris of light, resplendent.

I leave, it was all frowned-upon: a fly beating itself against the window,
a thread of dust (hems) that crosses, falling asunder
(perhaps truly a hieroglyph) this surface dots flot-
sam in the window. Now everything is (I am) true:
I'm there. I know that I see myself. A dot, and I look
out. I hear myself beating against the window from
the outside world. Insipid. Enshrouded in an odor-
less aura. Nothing, nothing. Only a messy pile of
words (beyond) its orbit. Its circumscription. That
nonsense, those words its (amber) fragrant moving
inwards.

Now, at the point of leaving, moving inwards.

And glancing through the window into the interior of a room I notice
that it's summer, it's blue and they fly, blue, and I
see the thick shape of a flower fluttering in the heat,
there, within, from honeycomb to flower, the vase
on the table, full of ferns and lilies of the valley, re-
flected; and with my fingertips (convinced) I stroke
its reflection in the window.

El anatema

Los viejos leemos los titulares de la primera plana en los periódicos,
de pie en los puestos de venta (se dice estancos,
estanquillos se dice, y por algún sinónimo a Dios
gracias peleamos): imaginamos, con la experiencia
que nos dio la vida, el resto de las noticias: restos,
los restos, fosos: qué hay de nuevo, qué habrá, qué
habrá, qué puede haber de nuevo: y nos miramos,
mirándonos miramos en verdad alguna legaña o
viscosidad que nos cuelga de la nariz (cosas
atribuibles al frío, al sueño, sueños ya en frío o el
frío del ensueño acabando) qué dice ahí. Cámara
de aire, dice; dice corteza terrestre, ¿y debajo? Debajo
dice entre lo ilegible, arrugas, eczema, escabroso y
dice, en lo ilegible (¿oyes?) sosa, estropajo: somos
peso mosca; estropeamos la vista del transeúnte
(deidad) enseñoreándose del brazo de su transeúnta,
nuestras pepsinas, quimos, vesánicos fagocitos
ponen de manifiesto fronda de muerte inesperada
entre aquellos amantes: que se jodan. Y damos la
espalda a las últimas noticias del día, no hay día, no
hay día para nadie, he ahí nuestra maniobra:
balastro óseo, recrujideras a un retoño en heces,
parpadeamos, y pestañeamos, y de soslayo (mira,
mira) se nos mira (lo advertimos): ya están los
amantes, reflejos. Se soltaron del brazo. El sol se
ocultó entre nubarrones plagados de orzuelos, pus,
pis, tromba amarilla cegándose a lo negro, nuestra
conjuntivitis: vieron, vieron. Vio Polifemo, vio el
miope, y vio el nabí presente y futuro eucarístico,
amarillo y pestilente eucarístico de las parejas que
pasaban del brazo. Jueces y tribunales, comparez-
can: noticia son de oquedad, noticia (relleno) huera;
huera, pulpa. En su centro, ascua de titulares,
rescoldo volandero a lo inorgánico, a solas juntamos
nuestras manos (claro que comparables al sar-
miento: no hay que buscar palabras, el acervo las
concede todas, nada de devanarse más los sesos,

Anathema

Old men, we read the headlines at the newsstand (we say kiosks, little
kiosks we say, and thank god we argue over what-
ever synonym) and with a lifetime's experience
imagine the rest: the rest, the remains, the graves:
what's new, what will be, what could be new: and
we watch ourselves watching ourselves watch
ourselves, some slime or viscosity dangling from our
noses (we blame the cold, sleep, dreams of cold
reality or the chill of a dream about to end) what
does it say there. Chamber of air, it says, it says
earthly husk, and below? Below it says, among the
unreadable, wrinkles, eczema, scabrous, and it says,
in the unreadable (do you hear it?) scouring powder,
sponge: we are fly-weight, we ruin the view for the
passerby (the deity) walking arm in arm with his
woman, our pepsins, chyme, demented phagocytes
making manifest the leaves of a death that those
lovers don't expect: fuck them. And we turn our
backs on the latest news of the day, there is no day,
no day for anyone, and that's our strategy: ballast
of bones, the squeaking of a kid in shit, we blink,
we wink, and it looks (look, look) at us (we guessed
it) askance: the lovers, for example, reflections. They
release each other's arms. The sun hides itself among
thunderheads, plagued by sties, pus, piss, a yellow
rain squall blinding itself to the blackness, our
conjunctivitis: they saw, they saw. Polyphemus saw,
the myopic saw, and the prophet saw the present
and future eucharist, the yellow and pestilential
eucharist of couples that strolled past arm in arm.
Judges and courts are summoned: they're news of
hollowness, news (stuffed) void; void, pulp. At its
center, the flare of headlines, flying embers of the
inorganic, alone we join our hands together (com-
parable to a vine, of course, no need to search for
words, tradition supplies them, no need to rack our

basta, basta: ni haz ni duz ni marfuz) prez, hez, men-
guamos a lo amarillo: un par de letras es suficiente;
alguna imagen velada por endurecimiento de retina,
pronto el cóndor, picotea: papilla; diuréticos;
manzanilla; de carne, bistí; y como estimulante
algún *memento mori* que echaremos por la ventana
(Defenestración de la Muerte) verlo caer a los pies
de la joven pareja a punto de despedirse a la entrada
del edificio: buen momento, en unos momentos
estará cada cual en su rostro a solas, delante de alguna
(esfera) irreversible, delante de algún (irreversible)
dispositivo, ya balando (ya resoplando) fuelle, el fuelle
se le irá alterando: somos una vulva inane enrojecida,
a punto de coronar, aguas fecales: nos entregamos.
Ya todo está perdido (risas). El Filococo nos bosteza
en las mismas narices y su pútrido aliento nos abrasa:
su barragana, somos. Y, por cavilación, en verdad
por ensimismamiento, soltamos una ventosidad
bonachona, disparatada, a las masas ahuyentamos,
a las jóvenes parejas ahuyentamos, huid a las ferias,
huid a los bosques, amad (amaos los unos a los, qué,
qué: sonora trompetilla) procread (eso sí) más prosa,
más gameto, otra pieza amarilla de nitroglicerina.

brains, enough,enough: neither surface nor sweet-
meat nor falsehood, honor, dregs, we decline into
sallowness; a couple of letters is all that's needed;
an image blurred as the retina hardens, the condor
soon will pick at you: baby food; diuretics; camo-
mile; flesh boullion; and for stimulant a *memento mori*
that we toss out the window (Defenestration of
Death) to see it fall at the feet of the couple about to
part at the door: good timing, in a few moments each
will be alone within his own face, in front of some
irreversible (sphere), some (irreversible) gadget,
bleating now (panting) bellows, the bellows will
continue changing him: we are a harmless inflamed
vulva, about to crown, fecal water: we surrender.
Now everything is lost (laughter). The philococcus
yawns in our noses and its putrid breath scorches
us: we are its concubine. By pondering, by diving
inwards, we loose a good-natured wind, wild, we
scare away the masses, the young lovers, run to the
festivals, run to the forests, love (love thy neighbor
as you, what? what? sonorous coronet) procreate
(certainly) more prose, more gametes, another yel-
low chunk of nitroglycerin.

Reino

Comíamos anón mirábamos el gomero: la cinta métrica en la blanca
pared, llena de libros: saco el libro (brújula) de santi-
dad (en voz alta). Básculas, en la hora de la alimen-
tación. Colgadas a orear (secarse) las toallas, una
segunda muda la ropa blanca de cama. Tu escorzo
(maja, desnuda; adormilada) sobre el edredón (albo)
(espliego) orientación sur: se posó la garza; la melliza
de la garza se posó a su encuentro en el aspa hierática
de su sombra sobre el (níveo) edredón: ¿ya duermes?
¿Otra vez, ya duermes? Borneo, lento, el gerifalte: y
vio la inmóvil pantomima de la garza en la copa del
anchuroso gomero al pie del jardín, se abalanzó a
su sombra, sobre la cama: una sopa de acelgas,
chayotes, papas; un vaso de vino blanco (frío) pese
al frío, exterior: Vivaldi. Maestoso, maestoso y largo
Vivaldi: el libro abierto en 2 Samuel 18, completo,
léase, y donde el etíope habla, sellemos nuestra voz
a su silencio: éste es un día, en este incomprensible
lugar el río Chíllar, su seco cauce desciende hasta
su puerto, desemboca, y su agua viva se desprende,
Jordán: loma Gólgota la pelada, lago reseco vuelto
a su caudal, riberas de Galilea. ¿Hay más señales?
Alza la vista, garza boba; atención: frac y alpargatas,
siete polleras revueltas gruesos calcetines de
algodón blanco, se nos puso la carne de gallina.
Jerusalén, Jerusalén de andamios, Celeste. Quién
vive. Qué escafandras, necesitamos. Yo no lo sé.
Falló el pulmón, viva la gloria; falló el ventrículo,
aleluya por los horóscopos, el Sitio. Somos (enteros).
Dos. Facsímiles, en coincidencia. Derecha interpreta-
ción de la carne: lo demás, huelga. Huelgan nuestras
manos entrelazadas, ya estamos en vínculo. Idén-
ticos, en vejez perpetua se nos recibe. Esa vejez, un
estado mayor. ¿Y qué se come? Ah que el alma for-
nique. El resplandor, un cuenco hondo de arroz her-
vido, grano suelto: eternidad (la palabrucha) llevarse

Dominion

We would eat anón and gaze at the rubber tree: the tape measure on
the book-lined white wall: I pull out the (compass)
book of holiness (aloud). The scales of judgment, at
the hour of nourishment. The towels airing (dry-
ing) a second set of white linens. You, foreshortened
(maja, naked; dozing), on the (alabaster) (lavender)
eiderdown facing south: the heron alighted there;
her twin alighted at their meeting on the hieratic
cross her shadow cast on the (snowy) eiderdown:
are you sleeping? Once again, are you sleeping?
Slow tack of the gyrfalcon: and saw the heron's still
pantomime in the crown of the stout rubber tree at
the foot of the garden, flung itself at its shadow on
the bed: a soup of chard, chayote, potatoes; a glass
of (cold) white wine, despite the cold: Vivaldi.
Maestoso, maestoso and largo Vivaldi: the book
open to 2 Samuel 18, all of it, that it be read, and
where the Ethiopean speaks, may we seal our voice
to his silence: it's a day, in this incomprehensible
place the Chíllar River, its dry bed, descends to its
port, empties, and its living waters separate, Jordan:
naked skull of Golgotha, dry lake returned to its
channel, the shores of Galilee. Are there still more
portents? Raise your gaze, you silly heron; pay atten-
tion: tailcoats and espadrilles, seven disheveled heavy
skirts white cotton socks, it gives us goose flesh.
Jerusalem, heavenly Jerusalem of scaffolds. Who
goes there? What casque for diving do we need? I
have no answer. Lungs gone, the glory lives; ventri-
cles gone, hallelujah for horoscopes, the Place. We
remain (intact). Two. Facsimiles, coinciding. Straight-
forward interpretation of flesh: the rest, obvious.
Our hands entwined, of course, we are bonded now.
Identical, entered into endless age. Old age an
exalted state. And what's to eat? May the soul for-
nicate. The splendor, a deep bowl of boiled rice, loose
grains: eternity (that cliché) for bringing something

algo a la boca, sentarse entre helechos y sombras, ojo lector. Y por repetición del hambre, otro salmo otro pez, ropas blancas.

to the mouth, for sitting down among ferns and
shadows, the reading eye. And to rehearse hunger,
another psalm another fish, white linens.

De exaltación

Se pobló el mundo. Mira, árboles. Mira, reverdecieron. Y ahora escucha:
es adentro (en el vino) en su hoja de mosto y
celebración (y más adentro) horada y mosto la
lombriz de tierra, horada y hoja, asciende y parra
(ciclámenes) astas, tocón (vino, añejo) celebra los
vástagos las yemas, y en su ascenso las ramifica-
ciones: el mundo se pobló. Está hecho. Célebre.
Crujiente, en sus más recientes capas de árbol
mineral (más crujiente todavía) el árbol ya pronto
se separa: quieto, respira. Otorgado, transpira: su
savia lúbrica se ramifica y gotea: la gota abarca la
laguna de leche abarca el hilo donde horadan,
surtidor: espléndido, de veras. Un día. Arbustos.
Aperos. El ojo mirador, escuálido, que se llena de
savia, hálito (jadeo) transpiración: está poblado de
llamaradas, vegetación (intestina) pobladura vege-
tativa de lugares (adentro) (es adentro) afuera, el
mundo: sístole (imagino) diástole (veo). Coinciden:
el vino y la oruga, árbol y humus, la lombriz de tierra
y la pupila: el ojo a la ventana, horizontes; y (adentro)
el deseo vertical. Es llamativo el orbe. Llamativas,
las constelaciones. Y su silencio (nada más llamativo):
ese silencio perceptible de corteza animal (abono):
somos, indescriptibles. Nos miramos, y somos in-
descriptibles. Narramos el árbol inenarrable, el diez
con su aroma secreto, la secreción del mosto, y todo
es indescriptible. Aspiramos. Rozamos la corteza
el lomo el orificio blanco del mosto el blanco orificio
de la hez (heces) rozamos con el lustre de la mirada,
el pálpito inapreciable de la yema de los dedos
(entrar): matriz roja, matriz la esfera, sempiterna
madre feraz: incontenibles, somos. Orbe, hay orbe.
Árbol, árbol hay (sufijo). Y semilla, prefija. Flor, inter-
media (inmediata). Siempre es así con las cosas de
hermosura: en el reinado. Es el reinado. Llamad, y
veremos. Llamen por el orificio a las cosas sensi-
bles, serán vistas. Y quedará para siempre dispuesto

Of exaltation

The world was filled. Look, trees. Look, green again. Now listen: it's
within (in the wine) celebration in its musty leaf (and
deeper still) it pierces, earthworm become must,
pierces and leaf climbs and vine (cyclamens) antlers,
stump (the wine ripened) celebrates the shoots the
buds and in its climb the branches: the filled world.
It's done. Renowned. Rustling, in its uppermost min-
eral tree strata (rustling still more) the tree about to
be separate: quietly, it breathes. The gift of tran-
spiration: its lubricious sap branches and drips: the
drop covers the milky lake covers the thread where
pierced, a spout of water: splendid, truly. A day.
Shrubs. Tools. The watchful eye, emaciated, filled
with sap, breath (panting) transpiration: it's peopled
with flames, (internecine) vegetation a vegetative
populace of places (within) (it's within) outside, the
world: systole (imagined) diastole (seen). They coin-
cide: wine and caterpillar, tree and humus, earth-
worm and pupil: eye at the window, horizons; and
(within) a vertical desire. The globe glows. The con-
stellations glow. And their silence (nothing glows
more) that perceptible silence of the carnal bark
(manure): we are beyond description. We look at
each other, beyond description. We tell tales of the
indescribable tree, the number ten with its secret
scent, secretion of must, and all beyond description.
We inhale. We brush against the bark the loin the
white orifice of must the white orifice of dregs (feces)
we brush against the luster of the gaze, the imper-
ceptible touch of a fingertip (entering); a red womb,
the sphere a womb, sempiternal fruitful mother: we
are boundless. Globe, there is a globe. Tree, there is
a tree (suffix). And seed, prefix. Flower, intermediate
(immediate). It's always thus with the beautiful
things of the kingdom. It is the kingdom. Name it,
and we'll see. Named through the orifice of sentient
things, they will be seen. And the world will remain

el mundo. Poblado (res): (res) poblada. Un árbol (de
acuerdo: abedul) un mineral oscuro (sonoro, el apero)
una visibilidad blanca y la animal (abono) transpa-
rencia, del vino: reducto de la fiesta. Reducto (sitio)
de ulterioridad: en su sitio está la noria. En la ventana
está el ojo a la espera. Está situada la jurisdicción de
la Amada (mundo) viene el Amado (mundo) su árbol
matriz copa o hez, urdidos.

forever fixed. Filled (res): (res) filled. A tree (call it a birch) a dark mineral (the tool resonant) a white visibility and the carnal (manure) transparency of wine: the feast's redoubt. Redoubt (place) of ulteriority: in its place the waterwheel. In the window the eye awaits. Placed there, the domain of the Beloved (female) (world) comes to the Beloved (male) (world) its tree, womb crown or dregs, interwoven.

Parlamento del nonagenario

Me he desorientado, mucho, creo que esta mañana, sé que la vaca
(dehesas) está pastando, entre dos balas de heno sé
que rumia, parió una ternera y siguió pastando (ru-
miando) me palpo, como si nada estas vacas hacen
lo suyo, al palparme palpé reconocimiento, creo que
me he tranquilizado, éste, aquí, de la revuelta del
camino surge una yunta de bueyes, eso (creo) me
ha tranquilizado, a qué salí, mejor haberme quedado
dormitando, a veces trepa un escarabajo la pared,
puedo pasarme horas siguiendo su trayectoria,
participar del esfuerzo, dale escarabajo, ánimo que
la moldura de grecas está cerca, ¿tengo que hacer la
compra? ¿yo sé cocinar todavía? mejor me levanto,
pongo a hervir unas papas, cachelos con cebolla
roja, se agota la fuente del aceite, ¿qué palabras
relacionar con el aceite? alcuza, sin duda, almazara,
sin duda, aún se suscitan por asociación las palabras,
eso me alivia, argollas, eslabones (continuidad) vuel-
vo a palparme, enfrente se alza esa pared de ladrillos
vistos, junturas mugrientas, pienso de repente en
Beckett (de paso surge la imagen de aquel estudiante
so burro que confundía a Bécquer con Beckett) de
par en par la ventana, campos de Castilla, aromas
del alcanfor en el escapulario que me puso, creo
recordar, una vez contra el mal de ojo mi madre, ah
Cuba, Cubita bella, aroma a yodo, estoy seguro de
haber tenido una casa que daba a una cerca cubierta
de madreselvas, una yunta de bueyes, yo diría que
roja, araba desde temprano un maizal (todavía por
Dios lo estoy viendo) yo miraba, me pasaba las horas
asomado, he animado *in petto* a los bueyes, al boyero,
a la milpa mismísima que se puso a crecer, fui y he
sido, cómo decirlo, feliz (pese a estar desorientado)
(¿será la base de la felicidad?) y ahora que nadie me
mira, se fija en mí, o mejor dicho, ahora que yo no
me fijo en nadie, vivo este lujo luminoso de vivir

The nonagenarian's soliloquy

I'm really confused, I think it's morning, I know that the cow (mead-
ows) is grazing, that it ruminates between two bales
of hay, it dropped a calf and kept on grazing (rumi-
nating) I touch myself, I wish I could empty myself
that easily, touching myself I know I'm here, I think
it's calmed me, here, a yoke of oxen emerges from
the curve in the road, (I think) that's what's calmed
me, why am I out here? I'd be better off if I'd kept
dozing, sometimes a beetle climbs the wall, I can
spend hours following its path, sharing its effort,
onward, beetle, don't give up, that molding's near,
do I have to go shopping? do I still know how to
cook? Better to get up, boil some potatoes, toss in
red onions, flood them with oil, what words go with
oil? cruet, of course, olive press, of course, words
still connect, that soothes me, rings, links (continu-
ity) I touch myself again, before me the wall of tidy
bricks and filthy mortar, suddenly I think of Beckett
(for a moment I remember the student who was so
dumb he confused Bécquer and Beckett) the win-
dow wide open, fields of Castille, the scent of cam-
phor on the scapular, I think I remember, that my
mother put on me to ward off the evil eye, ah Cuba,
dear Cuba, the scent of iodine, I'm sure I had a house
that overlooked a fence covered with honeysuckle,
a yoke of oxen, red, I think, they'd plow a cornfield
at first light (by God I still see it) I'd watch, I'd pass
the hours leaning out , cheering them on *in petto,* the
oxen, an oxherd, in the same sprouting cornpatch, I
was what's the word, happy, still am (despite the
confusion) (the basis of happiness?) and now that
no one looks at me, now that no one pays attention,
or better, now that I pay attention to no one, I live
the luminous luxury of living confused, hell, it's

desorientado, caray, es magnífico, y vaya facha que
tengo, no me supieron mal los cachelos, ¿agua o
vino? no recuerdo, ¿y qué; y qué? sigo sentado, una
manzana amarilla en la mano, le doy una vuelta en
redondo, dos, no tiene no puede haber un gusano,
pronto muerdo, pronto digiero, pronto salgo a
pasear el almuerzo, dejar que baje un poco el sol, ya
me veo subir la cuesta algo empinada de la urbaniza-
ción, cantero de dondiegos, gorra visera de celuloide
verde calada hasta las cejas, se ve bien todo color
de rosa, y el pájaro que canta viene de mi país, no es
la curruca, trino no del verderón o paro carbonero,
ese canto proviene de la bijira, caben tres en una
mano, cuán refrescante me resulta reconocer un
aspecto, al menos uno, del mundo, voy a cerciorarme,
nunca salgo sin el diccionario bajo el brazo, mucho
pesa pero merece la pena cargarlo, hay pesos que
son inevitables, no encuentro la palabra bijira en el
diccionario, siempre se quedan cortos, ¿adónde
habrá volado? yo sé ahora qué hacer, siempre supe
qué hacer, cómo salir de apuros, y persistir (¿no
habrá sido mi peor error?) (¿a estas alturas qué más
da?) veamos, para la pérdida de memoria *ginko
biloba*, está probado que no sirve de nada, ¿o no son
los japoneses unos desmemoriados? nada mejor
para la memoria que ejercitar la memoria, se trata
de un músculo (más) aquí pongo ahora mismo
delante de mis narices aquel champú de primera
que consumíamos cuando nos daba la plata, me
sabía (me sé) de memoria todos sus ingredientes,
veamos, cerrar los ojos, a medio voz, concentración,
y en orden descendente, sé que contuvo (contiene)
extracto natural de ortiga, salvia, manzanilla, milen-
rama, ahí, dale duro, mantén la concentración, y
tiene (tuvo) romero, lavanda, tomillo, a ver qué más,
corteza (perfecto) de cerezo y claro está, Kusambi,
nunca supe qué es eso.

wonderful, and look what I look like, the potatoes were great, water or wine? I don't remmeber, so what? so what? I'm still sitting, a yellow apple in my hand, I turn it around, twice, there isn't, can't be, a worm, I take a bite, digest it quickly, walk off lunch, allow the sun to sink a bit, I see myself now ascending the moderate slope of the subdivision, a bed of primroses, a hat with a green celluloid visor pulled down to my eyebrows, everything rosy, and the bird that's singing comes from my homeland, it's not a warbler, not the trill of finch or chickadee, it's a burbler singing, so small that three would fit in the palm of my hand, how refreshing it is to recognize something, anything, of the world, from now on I'll carry a dictionary, it's heavy but worth the effort, some burdens are inevitable, I can't find the word burbler in the dictionary, they're never complete, where has it flown to? I know what to do now, I've always known what to do, how to get out of trouble, to survive (will that have been my worst mistake?) (what does it matter at this point?) let's see, for memory loss *ginko biloba*, it's been proven that it's good for nothing, the Japanese are also forgetful, nothing's better for the memory than exercise, it's a muscle (another muscle) like any other, I place before me the fancy shampoo that we used when we had the dough, I knew (I know) its ingredients by heart, let's see, eyes closed, in a whisper, focus, in descending order, I know it contained (contains) organic nettle extract, sage, chamomile, yarrow, there, you're almost there, stay focused, there's (was) rosemary, lavender, thyme, what else (perfect) cherry bark, and of course, kusambi, what the hell's kusambi.

Homenaje a Jack Spicer

Del ahorcado cayeron tres gotas de semen.

La primera carece de espesor.

(Dios está sopesando su alma. Se trata de un juego. No hay que
    tomárselo en serio. Así ha sido durante tantas gene-
    raciones que la gota se pierde en un tiempo inmemo-
    rial, así el alma, Dios en su etc.).

La segunda carece de hormigas.

(Todas se fueron a la carrera a los agujeros del cuerpo necesitado de
    morir al verse ahorcado. Una a una ebria de poros a
    su cueva. No pintan nada, el ahorcado se ha muerto
    (vertical) ha sido un instante (no es para menos) que
    le han deparado, ya no tiene vuelta de tuerca o de
    cuerda alrededor del cuello, cabestrante, aspas, se
    acabó).

(Ebrias hormigas: ¿y lo que se acabó fue el poema?).

La tercera carece de redundancia.

(Lector impaciente, mira, ya lo bajaron. Y el sepulturero pertenece a
    la tradición de Mozart, fosa común, rasero, rasero.
    El tipo se había cargado al *sheriff*, lo condenaron por
    unanimidad, *it serves him right*, malletazo).

Homage to Jack Spicer

Three drops of semen fell from the hanged man.

First: lack of condensation.

(God has weighed his soul. It's a kind of game. Not serious. It's been
   thus for so long, the drop lost in unremembered time,
   the soul thus, God in his etc.)

Second: lack of ants.

(They were hastening to the holes in the body required for dying for
   being displayed, hung there. Each one intoxicated
   they enter his cave through its pores.They're not
   worth talking about, the hanged man (vertical) has
   died in an instant (who could doubt it?) his fate
   prepared it, no turn of the screw now no rope, no
   capstan, no millvane: he's dead).

(Intoxicated ants: was it the poem that died?)

Third: lack of redundancy.

(Impatient reader, look, they've taken him down. The grave digger
   of the school of Mozart, a common grave, a yard-
   stick, a yardstick. This guy had shot the sheriff, they
   found him guilty, no dissent, *it serves him right* and
   the gavel fell).

San Francisco de Asís

Da de comer, desde su propia inclinación, a toda clase de aves
sigilosas, no hace mucho despavoridas.

Las reclama: acuden.

Recibe él mismo un alimento santo, inaceptable para los siglos
venideros, en exceso ejemplar.

Dios le niega la vista, contraria a la meditación.

Desde sus ojos, ama las cosas del mundo: las muchachas en los fondos
del estanque, los peces maravillados sobre la su-
perficie del milagro de los mares, la propia escena
devota de la crucifixión.

Y como un riachuelo ama la incorrupta concatenación de las flores
en la fértil horizontalidad de la bienaventuranza.

Los lagartos reflejan al asno en la aparente divinidad de los rostros.

Si no: cómo habría de vivir un animal la congoja de su bestia
adormecida.

Ama Francisco en su propio fundamento el sencillo engranaje sin
destino de la noria.

Y lo ama más –se sabe– que a la piel de onagro, que al impoluto gobelino
de los unicornios o al Evangelio demasiado obliga-
torio.

Pobre Francisco: en soledad de siena venera los bicharracos por
encima del azote de una escala.

Saint Francis of Assisi

He feeds as he wishes all manner of silent birds, few fear him.

He calls them: they come.

He himself observes a holy diet, odd in an age of hunters,
exemplary, difficult.

God denies him direct sight, which interferes with meditation.

He loves what he sees thus of the things of this world, the girls in
the depths of the pond, the astonished fish on the sur-
face of the miracle of seas, the very scene of the cru-
cifixion.

He loves them as a rivulet would love the incorrupt concatenation of
flowers within the fertile horizontality of beatitude.

Lizards reveal the ass hidden in the seeming divinity of faces.

How otherwise could an animal survive the agony of the beast
within.

To the depths of his own being Francis loves the waterwheel's
undestined mechanical turning.

He loves it more–he knows–than the onager's hide, than the unicorn's
immaculate goblin or the too obligatory Gospel.

Poor Francis: in his sienna solitude he worships the vermin above
the affliction of a ladder.

Última voluntad

La pura verdad sólo me interesan las palabras, no todas las palabras
(no me interesa la palabra palabra, es la pura verdad)
nieve no es una palabra que me interese (no me inte-
resa pasar frío, y la nieve, quiero decir la nieve lírica,
ya está muy vista) he ahí una palabra de menos:
por la n habrá otras más. Muchas. Nabab, que es
una palabra exótica, no habrá la menor oportunidad
de utilizarla, sonora palabra, mas sobran palabras
sonoras, podemos descartarla: qué queda. La imagen
pasajera de cualquier palabra, a falta de imagen que-
da un concepto (retoza, en la cabeza) se deshace: la
pura verdad no me interesa nada de la palabra nada,
las abstracciones me resbalan, tibio tibio las abstrac-
ciones: yo quiero ver, y tocar (sobre todo tocar); yo
quiero oler el olor de la palabra alforfón, madre mía,
cuántas combinaciones: aspas en rotación las pala-
bras: veleta rota en sílabas cualquier palabra; y al
borde, lo moribundo, qué dice. *Mará, mará:* ¿eso es
lo que dice? Acerco el oído, puras interferencias; y
gusto, mastico por el paladar el tallo de la verdolaga,
mas nada se aclara ni nada ya me dice: aquí al borde,
maná, mojiganga son las demás palabras, hacia atrás,
o hacia adelante hasta aquí, al borde: qué, a qué
hablar con palabras: óigame, el pan que coloco sobre
la mesa se abre por el centro de su yagua, brota ceniza
(hormigas de nuevo brotaron): entonces, qué. Están
las cosas entenebrecidas de tanto repensarlas, tanto
clasificar y describir, describir no vuelve camaleón
al camaleón, no vuelve la madre, nada se nos de-
vuelve, abramos paso que ya se va la jacaranda de
esta vida, soy *jómet* (la lagartija): nada. Verde que
perdió el rabo. Mojiganga a la que se le cayó el
antifaz, ved ahora cráneo del rostro, esqueleto del
cuerpo, pelado gólgota: peleón que fui, ahora me
siento y resbalo hacia adentro: un lindo día allá
afuera. Eufrates. Mucha distancia. Un dios de níquel
o zinc no da abasto con la gente, me ha bastado el

Last will & testament

The truth is I only care about words, not every word (I don't care for
the word word, if truth be told) snow isn't a word I
care for (I don't care to be cold, and snow–I mean to
say lyric snow–has become so commonplace) one
less word now: and for the letter n there are others.
A multitude. Nabob, an exotic word–not the least
chance to use it, a sonorous word, but there's an over-
abundance of sonorous words, we can discard it:
what's left? The fugitive image of any word, lack-
ing an image leaves a concept (leaping inside us) it
crumbles: in truth I care not at all for the word noth-
ing, abstractions leave me limp with boredom, tepid
tepid abstractions: I want to see and touch (above
all touch); I want to sniff the spoor of the word buck-
wheat, my god, how many combinations: the words
are mill-stones turning; whatever word a mill vane
broken into syllables; and at the edge the dying,
what does it say. *Marah, marah*: is that what it says?
I listen closely, nothing but interference; and I taste,
I crush a stem of purslane against my palate, but it
clarifies or tells me nothing now: here on the edge,
manna, masquerade are the remaining words, back-
ward, or forward to this place, at the edge: what, to
what to speak with words: listen to me, the bread
that I've put on the table parts, down to the center
of its husk, brings forth ash (ants brought forth once
more): and then, what. Things are obscured by so
much thought, classification and description, de-
scription doesn't bring the chameleon back to the
chameleon, doesn't bring back the mother, doesn't
bring anything back to us, let's clear the way for the
jacaranda of this life, I am *homet* (the lizard): noth-
ing. A green thing that lost its tail. The masquerade
of her whose veil is dropped, see the face's skull,
the body's bones, skin of golgotha peeled away now:
the donnybrook I was once, now I sit down and slide
inwards: outside a lovely day. Euphrates. Much dis-

nitrógeno para estar vivo. Espurio pero vivo. Con un habla cualquiera pero no todas las palabras. Capulí nada me dice ni nada tiene que ver conmigo; moribundo, a ver, a su azar no me puedo adaptar: ni al diccionario, después de todo, demasiado extenso. Para la hora señalada cualquier palabra es buena; a su señal, lino, por ejemplo: el arca al hombro, pan sobre la mesa, la mano a la cabeza, y en el punto de trascendencia de la cabeza, sea trigal la palabra que escuche, por ejemplo, en un cruce amarillo de ejes: o sea por omisión, pan. Y vea yo recompuestas todas las cosas desmigajadas.

tance. A god of nickle or zinc can't cope with people, nitrogen has been enough to keep me alive. Spurious, but alive. With some or another word but not with every word. The word *capulí* tells me nothing, it has nothing to do with me; dying, for instance, I can't adjust to its destiny: nor, finally, to the dictionary–too vast. At the final moment any word will do; linen, for instance, at that moment: the ark on one's shoulder, bread on the table, hand on head, and at the head's point of transcendence, be it the word wheatfield that I hear, for instance, in the yellow crossing of axles: or be it bread, by omission. And might I see made whole all crumbled things.

Reaparición

Regresé a mi casa del reparto de Santos Suárez cuarenta años más
tarde, me dejaron subir de visita, encontré en la
vitrina del comedor los mismos platos, las copas de
Purim, la copa (Pésaj) de Elías, copas de recepción
en la luz crepuscular del comedor, platos y copas
del recibimiento.

Me dejaron abrir el mueble, olí su penumbra, el niño al niño olfateó.
Sobre un plato azul translúcido me encontré un
melocotón, intuyo por el mordisco en su cara no
visible, intuyo por su frescor, por el gusano que de
su carne asoma que es el melocotón que ahí dejamos
hace cuarenta años, de espaldas.

Son ferias. Es la eterna primavera. Es la sombra del hijo que asoma a
sus propias carnes. Retoza la sombra mas retozan
también las carnes. Es la girándula y el tiovivo, el
doble columpio del portal meciéndose en su vaivén
inacabado de luz y sombra (rombos) la luz se abalan-
za hacia los choznos, la sombra me recoge.

Fue un espacio de tiempo suficiente para inclinarme a recoger el
pequeño bolso de mano de mi madre, sus reflejos
de bisutería derramados por el suelo, recoger de mi
padre una borra contigua al hilo de su dedal deshe-
cho, colocar la frente un momento sobre el ejemplar
de un libro que quedó tirado sobre la mesa de noche
de mi cuarto, *Otelo*.

Reappearance

Returned after 40 years to my house in Santos Suárez, allowed to visit,
I see in the breakfront in the dining room the same
dishes, the Purim cups, the (Pesach) cup of Elijah,
cups for guests in the crepuscular light, formal china.

They allowed me to open its doors, I smelled its shadow, the child
sniffing out the child. Inside on a blue translucent
plate I found a peach, sensing, because of the invisi-
ble bite on its face, its freshness, the worm protru-
ding from its flesh, that it's the same peach we had
left there forty years before.

Celebrations. Eternal Spring. The shadow of the son observing his own
flesh. The shadow frolics, but the flesh frolics also.
It's girandole and carousel, the double swing of the
doorway in its ceaseless (rhomboid) sway between
light and shadow, balanced unto generations of
children, the shadow gathers me.

There was time enough for me to recover my mother's small purse,
the glint of her cheap jewelery scattered on the
ground, to recover the fluff next to the sharp edge
of my father's crumbling thimble, to bend my brow
for a moment over a book on my bedside table,
resting where it was tossed–*Othello*.

Actividad del azogue

En un jardín dilapidado, me reconozco.

Unas palmas enanas se marchitaron: oigo machetear.

Y caen los escaramujos, hierba cana (hierba cana) floración del abrojo.

He de decir que experimento cada vez más una cierta euforia por los
jardines dilapidados: me desconozco. El jazminero
en su apogeo, las hormigas en su apogeo desquitán-
dose de Dios: hierbajos; pedregullo; el crecimiento
desaforado de la herrumbre en el latón de basura
vacía su orín: leo en voz alta el parlamento de Con-
radus Crambe (*Scriblerus*) defendiendo su inocencia
(*"the Justice, being strangely astonished"*) el cuerpo se
reconstruye con frases hechas, las frases hechas son
astillas de carne viva reconstruyendo un cuerpo: no
distingo, por ende, la letra y la Muerte. No distingo
la adelfa que se termina de secar (al pie de la tapia)
y la piedra cuando refrena su propio desmorona-
miento al fungir madre del musgo, amparo de la
lagartija (aguardan las hormigas) entre los últimos
estertores: me reconozco. ¿Ése era el ojo de la tela-
raña? ¿Y ése el tabachín quemado hasta la altura de
la coronilla? Así mueren, de rostro, tronco, planta
desenredada del pie, los árboles (trastornados) deso-
llados; así muere un jardín.

La amapola (anaranjada) flor, de California: visible, en peregrinaje.
Y detrás la alameda de palmas reales (despellejadas)
cortezas coloradas, el rojo vivo de la desolladura
expuesto al pico de las auras tiñosas: unas palmas
(nueve) (hilera doble) transidas, de sufrimiento. Ahí,
del tirón de Dios, la hilacha (yagua) fibra en carne
viva rajando de cabo a rabo la única altura posible,
que reconozco.

Mercurial motion

I see myself as a run-down garden.

A few dwarf palms have withered: I can hear the bite of the axe.

And the wild roses succumb, groundsel (groundsel) efflorescence of burrs.

Each time more than the last I'm overcome by a sort of euphoria: I lose myself there. The jasmine at its peak, the ants at theirs getting even with God: weeds; gravel; the wild efflorescence of rust in the brass wastebin consumes its corrosion: I read aloud the oration of Conradus Crambe (*Scriblerus*) in defense of his innocence (*"the justice, being strangely astonished"*) the body rebuilt of clichés, rebuilding a body with clichés crafted of shards of flesh: I can't, finally, separate Word from Death. I can't separate the oleander withering with drought (at the foot of the stone wall) from the stone that resisting its own collapse becomes in its final agony mother of moss, lair of lizard (the ants waiting): I see myself. Was that the eye of a spider web? And that the poinciana singed to its tip? This is the death of form, trunk, plant loosed from its base, trees (unbalanced) flayed; this is the way a garden dies.

The (orange) California poppy; seen in passing. And behind the avenue of royal palms (flayed) red bark, the bright red stain of its flaying naked to the beaks of buzzards: palms (nine) (two rows) wracked with pain. Here, the tug of God, the line (the palm thread) a fiber in living flesh torn top to bottom the only possible height that I can see.

En el jardín el aire (luz) cede polen, se desenreda del enjambre la abeja: entro. La dilapidada abeja del vientre de la Reina Madre. Ámbar extinto, miel extinguida: viene entre abrojos (hierba cana, marchitada) a morir. ¿A morir? Revierte la astilla, me siento de espaldas a un jardín dilapidado (rumor) (reflujo) tras la reconstrucción del cuerpo literario (*Scriblerus*) encaja en su celdilla el cuerpo (¿remanente?) brota, el musgo rebrota, una abeja gesta (polen) la sombra (encarnada) de la abeja: y del blanco devuelto por la vía de la sombra al doble blanco de las abejas (encarnando) (retozando) florece al pie de la tapia el florido jazmín del (inmemorial) apogeo.

In the garden the breeze (the light) yields pollen, the bee let loose
from the hive: I enter. Run-down bee from the Queen
Mother's belly. Extinct amber, extinguished honey:
it comes to die among burrs (withered groundsel).
To die? The shard reverts to its former state, behind
my back I sense a run-down garden (murmur) (ebb
tide) behind the restoration of the literary body
(*Scriblerus*) crammed within its honeycomb the (sur-
plus?) body sprouts, moss sprouts anew, a bee ges-
tates (pollen) the (incarnate) bee shadow: the white
transformed by shadow into doubly-white (incar-
nate) (frolicking) bees at the foot of the stone wall
the flowering jasmine of the (ancient) peak flourishes.

Actividad del azogue

En la página 3, *Poemas* de Li Ching Chao, recuperé la felicidad.

De vuelta al torno, saqué del bolsillo un anillo ideal para el anular de
Guadalupe.

O más que ideal, un anillo en cuyo revés está el origen de todo metal:
óxido, imperturbabilidad; círculo y recta conforman
una misma condición.

Se experimenta un gran alivio, se entiende que ya pasó la mala noche,
ha de achacarse a la digestión.

Dejo el libro abierto en la susodicha página sobre la mesa, bailotean
unas letras, el vahído no ha vuelto a recurrir: alivio.
Unas chiribitas en el cristal de la ventana, la atmós-
fera está cargada, mejor salir cuanto antes a dar el
paseo: anuncian lluvia, y éstos no se equivocan. La
redomada agua rebosará los lebrillos (cálices) demos
gracias a la porosidad inclinando la cabeza.

Sé donde está todo, cierro los ojos y sé donde está todo, no cabe duda
que ahí yace la base de la tranquilidad: el ave Roc
en su sitio, nelumbos, vino de arroz, mundo perfecto
el crepúsculo, bote de remos, colchón de paja sobre
la tarima palo de Brasil, un único sauce llorón ajeno
a todo reflejo, intermitente brillo del anillo en la
prolongación de la uña y la carne: Li Ching Chao y
Chao Ming Chen ya no tienen ni que besarse, ya no
tienen ni que tocarse, ella escribe, él coge el dictado
al vuelo, lee, relee, ella tacha, él lava y guarda los
pinceles, vino de arroz, un revuelo de grullas y
garzas, se desvanecen aves y amadores: ah la ejem-
plaridad.

Le doy la mano, cálmate, me ayuda a salir de la quema.

Mercurial motion

On page 3 of Li Ching Chao's *Poems* I regain my happiness.

Returning to the cloister's grate, I withdrew from my pocket a
perfect ring for Guadalupe's finger.

More than perfect–on its underside the origin of all metals: oxide,
imperturbability; both circle and straight create the
same condition.

Profound relief: the bad night seems to have passed, indigestion's to
blame. I leave the book open on the table to the above-
mentioned page, a few letters dance, but the fainting
spell hasn't recurred: relief. A few sparks in the win-
dow pane, the air is heavy, better to take a walk as
soon as possible: they predict rain, and they're sure
of it. Inveterate water will overflow basins (chalices)
let us bow our heads and praise porosity.

I know where everything is, I close my eyes and know where everything
is, tranquility's foundation certainly lies over there:
the Roc in its place, lotus flowers, rice wine, perfect
world, the dawn perfect, rowboat, straw mattress
on the brazilwood platform, a single weeping wil-
low beyond all thought, intermittent gleam of the
ring on the extension of flesh and fingernail: now Li
Ching Chao and Chao Ming Chen need nor touch
nor kiss, she writes, in a flash he receives it, reads,
rereads, she scratches out, he washes the brushes
and puts them away, rice wine, a commotion of
cranes and herons, birds and lovers blur: exemplary.

I give her my hand, calm yourself, she helps me escape the flame.

Tela de aguas, lamparones, seda y palanquines, una guardarraya de moreras en flor: dar vueltas día y noche a la semicircularidad de los espejos: viví de letras revestido. Así fue. Así de sencillo: ¿estás listo? Dame, por favor, unos minutos. Un bote de remos fondeado en la rada, el bosque de nelumbos la prolongación del agua, el vino encuentra sus redomas en los cuencos de porcelana: Li Ching Chao y Guadalupe, pescado azul del anverso, semilla de loto del reverso, me dan la mano a lo ignoto: a los recodos. Brujas. Un canal de aguas (remansos) la Milenaria asiente.

Web of water, stains, silk and palanquins, a property line marked by
flowering mulberries: to take a spin day and night
in the semicircularity of mirrors: I lived adorned
with letters. It was thus. Simply: are you ready?
Please, a few more minutes. A rowboat anchored in
the inlet, the mat of lotus extension of water, the
wine finds its alembics in porcelain bowls: Li Ching
Chao and Guadalupe, blue fish on the obverse side,
lotus seed on the reverse, they guide me by hand
into the undiscovered: into the twists and turns.
Bruges. A (stagnant) canal, the Ancient One assents.

Actividad del azogue

Subo la persiana, entra la noche.

Siete emperadores chinos de la noche de anoche pescan todavía en
un canal de aguas (Ft. Lauderdale).

Mi amada acaba de aterrizar (B747) proveniente del Lejano Oriente
en nuestro aeropuerto provincial (hoy internacional)
he estado en China pensando en ella todo el santo
día: taxi. ¿Sólo una maleta? Ligera de equipaje (a lo
Antonio Machado): hay café.

Chia Chang de Chang An (Tang): gallos de pelea para el Emperador
Ming Huang.

Al cantar el gallo colorado en el centro de la Tierra mi amada y yo
nos amaremos en la Constelación del Arquero.

Bajo la persiana, a los vecinos los mata la curiosidad: ya no sé qué
pensar del día y de la noche, llega mi amada y todo
se trastorna: carta de Chao Ming Chen a Li Ching
Chao vuelta a guardar en el estuche de bambú.

Luciérnagas. Un avión aterriza cada cincuenta segundos en Ft. Lauder-
dale: eso no es nada. Al unísono seis emperadores
baten palmas al sacar una carpa, un crisantemo,
orden alterno, miran de soslayo la cesta de mimbre
del vecino: el séptimo Emperador pescó una catana.
No, no, un condón. Cogió (descomunal) una carpa.
No, no, era una llanta. Y mi amada y yo le hacemos
las tres venias de rigor para que comprenda no sólo
el funcionamiento de los destartalados relojes de
agua sino el mecanismo (simplísimo) de la piedad.

Subo la persiana, cantó el gallo, entra luz: la Tierra en redondo tropieza
una fracción de segundo con uno de sus ejes para
mirar (vieja mirona) a Guadalupe, perdón, a Li Ching

Mercurial motion

I raise the blinds, night enters.

Seven Chinese emperors from the night before last fish still in a
channel of water (Ft. Lauderdale).

My beloved (B747) touches down, from the Far East to our provincial
(international) airport all day I have been in seventh
heaven thinking of her: taxi. Just one bag? Traveling
light (Machado-style): there's coffee.

Chia Chang from Chang An (Tang): fighting cocks for the Ming Huang
emperor.

When the red cock sings in the center of the earth my love and I will
still be lovers in the Constellation of the Archer.

I lower the blinds to kill the neighbors' curiosity: I no longer know
what to think of day or night, my love arrives and
transforms everything: a letter from Chao Ming
Chen to Li Ching Chao kept as a keepsake in the
bamboo box.

Fireflies. A plane lands every fifty seconds in Ft. Lauderdale: nothing
special. Six emperors clap in unison at the extraction
of a carp, a chrysanthemum, another order, out of
the corners of their eyes they watch the nearby
wicker creel: the seventh emperor caught an old
clock. No, no, a condom. He caught (an enormous)
carp. No, no, a tire. And my love and I make the
three required genuflections that he may understand
not only the function of decrepit water clocks but
the (simple) machinery of piety.

I raise the blinds, the cock has sung, light enters: an axis of the round
Earth (old busybody) skips a moment to look at
Guadalupe, I mean, Li Ching Chao, buck naked, a

Chao, en pelota picada, pezón picudo (no miréis,
por favor, que es mi mujer, alejaos, rascabucheadores,
de las persianas): estoy a punto de despertarla, lla-
marla a capítulo por quebrantar esta mañana el
orden del universo, o se despierta a las seis, como
Dios manda, o no despierto más (siento miedo): saco
la carta pergamino del estuche de bambú, leo en voz
alta ideogramas donde aparece el crepúsculo (taxi)
un pebetero (maleta) descorrer de una cortina de
seda estampada con el loto emblemático de los
monjes que al doblar de la esquina nos despiertan
(seis en punto) (Dios, manda) todas las mañanas a
campanazo limpio: el 747, en punto, aterrizó.

Y el café en su punto. La infusión de crisantemo inolvidable (o mejor,
inagotable) los siete emperadores de Ft. Lauderdale,
a la una mi mula hablando en esperanto: todo lo
tergiversan (no concibo mejor manera de devolver
el Orden al Universo). Habrá cataclismos, nunca es
completa la felicidad, jamás está todo del todo
resuelto (jamás está el Todo dispuesto a resolverlo
todo): un gallo de pelea (es lo de menos) le sacó al
Emperador Ming Huang un ojo (el derecho, según
los cronistas): la que se armó. Cayeron muchas
cabezas. Y uno de los resultados, tiempo posterior,
el Edicto del Emperador conminando al fuego a obli-
gar a la carpa y la gaviota a besarse en pleno vuelo,
beso reflejo, ay Sagitario, beso cuádruple del martín
pescador y la mojarra, café y una infusión de
crisantemo para el mal de ojo, y para colmo de males
de Chao Ming Chen aquí en casa se acaba de montar
recio triángulo (amoroso) lo nunca visto el beso jugo-
so (estruendoso) Li Ching y Guadalupe secándose
los morros.

pointy nipple (Peeping Toms, don't stare, it's my wife you're looking at, get away from the blinds): I'm about to awaken her, to take her to task for disturbing the order of the universe this morning, either to awaken at six, as God demands, or never (terrifying) to awaken again: I withdraw the parchment letter from the bamboo box, I read aloud ideograms in which dawn appears (a taxi) an incense burner (a suitcase) opening a silk curtain printed with the lotus emblematic of those monks who turning the corner awaken us (at six sharp) every morning (as it should be) with a clear chime: the 747, on time, landed.

And the coffee's perfect. The chrysanthemum tea unforgettable (or better, inexhaustible) the seven emperors of Ft. Lauderdale play leapfrog in Esperanto: they twist everything (I can't conceive a better way to restore the Universal Order. Disasters will come, there is never total happiness, never ever is all of everything resolved (the All never disposed to resolve all): a fighting cock (no less) plucked out the eye of the Ming Huang emperor (the right, the chroniclers tell us): chaos. Heads fell. The result, thereafter: the Emperor's Edict on pain of fire requiring carp and gull to kiss in flight, a kiss reflected, Sagittarius, become quadruple kiss of fish and kingfisher, coffee and for the evil eye an infusion of chrysanthemum, and even worse for Chao Ming Chen here at home in the end an (amatory) tenacious triangle the unseen juicy (noisy) kiss Li Ching and Guadalupe dry their lips.

Actividad del azogue

El
blanco
inasible
de
lo
translúcido
deviene
aljófar
(solo)
en
el
espejo
al
abrochar
a
su
espalda
la
gargantilla
de
platino
regalo
de
aniversario:
recupera
la
transparencia
una
condición
primera
en
los
pezones
al
aire
de
Li

Mercurial motion

Ineffable
translucent
white
becomes
a
baroque
pearl
(alone)
in
the
mirror
as
she
fastens
the
platinum
necklace
an
anniversary
present
behind
her:
it
regains
transparency
a
primary
condition
of
Li

Ching
Chao.
A
la
boca
me
llevo
mamoncillos
chinos,
muerdo
la
cáscara
(pezón)
chupo
la
fruta
(pezón)
hago
al
día
tres
comidas
(claro
que
no
consecutivas)
tres
comidas
en
tres
idiomas:
sopa
de
aleta
tiburón.
Fruta
bomba

Ching
Chao's
naked
nipples.
I
raise
Chinese
mamoncillos
to
my
mouth,
bite
rind
(nipple)
suck
white
viscous
(nipple)
fruit
I
eat
three
(not
certainly
in
sequence)
three
meals
three
languages:
shark
fin
soup.
Sliced
papaya

(gotas
de
limón).
Arenque
en
salmuera
con
eneldo
y
cebolla.
Abrocho
(desabrocho)
tres
veces
al
día
(a
la
noche
tres
velas)
la
gargantilla
de
Li
Ching
Chao
(quimono
estampado
al
suelo)
(pausado
movimiento
de
la
oruga).
Divagación.
Reverberación.

(drops
of
lime
juice).
Herring
in
brine
with
dill
and
onion.
I
fasten
(unfasten)
Li
Ching
Chao's
necklace
three
times
a
day
(at
night
three
candles)
(printed
kimono
thrown
on
the
floor)
(slow
caterpillar
progress).
Wandering.
Reverberation.

Infuso
recibo
la
gracia
de
Guadalupe
(Li
Ching
Chao)
al
rehuir
de
medio
lado
la
condición
(segunda)
del
primordial
azogue:
y
me
percato
(aquí
lo
transcribo)
por
transverberación
haber
dejado
al
cuello
de
la
Amada

I
receive
the
immanent
grace
of
Guadalupe
(Li
Ching
Chao)
turned
aside
the
middle
distance
the
(second)
condition
of
primordial
mercury:
transfixed
I'm
aware
(transcribe
it
here)
that
I've
left
on
the
beloved's
neck

la
huella
(tercera)
del
nenúfar
(lentejas
de
agua)
su
piel
(nívea)
ramazón
de
peces.

the
(third)
trace
of
waterlily
(duckweed)
its
(snow white)
skin
efflorescence
of
fish.

Actividad del azogue

Li Ching Chao
entre sábanas de lino (arrugadas) tres
cuencos
rotos
sobre el suelo de palisandro,
el arriate de los crisantemos destrozado por el viento
norte y
del norte no llega una sola noticia de
Chao Ming Chen. El
esquife en la cala un año justo sin surcar
juntos las aguas y
atravesar remando (luna llena) el lago recubierto
en toda la extensión de
nelumbos, mirar
los colimbos, el ibis del manuscrito
y las tres grullas
tres
veces
ladeando
la
cabeza
hacia
el
norte, se ladea (Li) media vuelta la veleta, el rayo de sol que penetra
por la rendija entre el techo de palisandro y la
ventana de gruesos cortinajes de terciopelo escarlata
deslumbraría a Chao Ming Chen viendo la luz ceñir
el pie de Li Ching Chao saliéndose de las sábanas
(arrugadas) copas
rotas
golpeadas
al ladearse
sin querer o
quién quita que, el
caso es que la última
garrafa de vino de arroz sobre la mesa de noche, estrépito, añicos, Li

Mercurial motion

Li Ching Chao
between (wrinkled) linen sheets three
broken
bowls
on the rosewood floor
chrysanthemum trellis shattered by the north
wind and
from the north no news of
Chao Ming Chen. The
skiff rests in the cove a year
to the day
since we plied the wave
together, rowed
across the lake (full moon) its
surface covered
with lotus, watched
the loons, the ibis of the manuscript
and three cranes
three
times
inclining
their
heads
to
the
north, (Li) reclines as the weathervane turns, the ray of sunlight
    entering between rosewood ceiling and window
    draped with thick red velvet curtains could dazzle
    Chao Ming Chen he sees the light encircle the foot of
    Li Ching Chao beyond the (wrinkled) sheets goblets
broken
by accident
when they turn, or
maybe not, it's about the last
carafe of rice wine on the night stand, a crash, in shards, Li

Ching
Chao
orina
en el sueño (se hunde más a fondo a esperar el regreso de Chao
        Ming Chen) a quien aguarda
ebria
desde 1129.

Ching
Chao
pees
in her sleep (sinking lower and lower for lack of Chao Ming Chen)
       over whose absence
she has been drunk
since 1129.

Actividad del azogue

A
la
izquierda
la columna recoge las cifras del ábaco (alivio) el ramillete de peonías
(demasiado estrecho el florero de hojalata esmaltado
de verde oscuro para el ramo de rosas albarderas)
una brazada de mimosas (las deja caer sobre el am-
plio antepecho de la ventana de mainel) venablo el
ave afuera se posa obstinado tras el cristal mirando
la brazada de mimosas (causa de todo espejismo la
transparencia que separa ave y flor) anota (risueña)
el susto (ancestral) que pasó al entrar al cuarto y
tropezar con la sombra perpendicular de la flauta
travesera (la sombra del ave) se prolonga en su
descenso la columna izquierda (*yao ching* con el paso
del tiempo será el *koto*) si reencarnara por igual
inclinaría el rostro ante el instrumento con incrusta-
ciones de jade (malaquita) una perla relumbra a sus
pies (eco) eco la perla en el fondo de la copa de vino
(sabor a algas rojas a ulvas a las mareas promovien-
do la reproducción sexual) anota Li Ching Chao
(amanece) la mancha de vino en la ancha manga
del quimono (no era rocío) la pesadumbre de la hez
del vino tocada de azófar (su sabor persiste desde
anoche en el paladar) no ha sido reparador el sueño
(anota) las propiedades del té verde su asombro aún
ante la poesía del viejo Chung Hsuan el nombre del
árbol (único) en donde posa (cada quinientos años)
el fénix de China (bosteza) apenas queda papel (a
la izquierda) cabrán cuatro o cinco ideogramas
(caballo) (caballo alado) (caballo alado a la cima)
(caballo alado en la cima dormido de pie) (caballo
quebrado el ideograma) y anota en la columna (en
alto)

a
la
derecha

Mercurial motion

To
the
left
the column collects figures from the abacus (relief) the bunch of peonies
(the green enameled vase too narrow for the peony
bouquet) armful of mimosas (she scatters them across
the large sill of the mullioned window) a dart the
stubborn bird its eye on the armful of mimosas per-
ches beyond the pane (source of all reflection the
transparency dividing fowl from flower) notes (smil-
ing) the (ancestral) fright upon entering the room
and bumping into the transverse flute's perpendi-
cular shadow (bird shadow) the left column length-
ening (*yao ching* in due time become koto) if it's
reborn without discrimination its face will be
inclined above the jade (malachite) encrusted instru-
ment a pearl glows at its feet (echo) echo the pearl
deep in the goblet (a hint of red seaweed of cactus
of tides stirs mating) notes Li Ching Chao (it's dawn)
the stain of wine on the kimono's hanging sleeve (it
wasn't dew) the sorrow of dregs of wine a hint of
brass (still on the palate from the night before) sleep
has not restored her, (she notes) the properties of
green tea and her amazement at the poetry of old
Chung Hsuan the name of the (one) tree on which
(every 500 years) the Chinese phoenix perches
(yawns) almost no paper (to the left) for four or five
ideograms (horse) (winged horse) (winged horse a-
lighting on the peak) (winged horse asleep on its
feet on the peak) (the ideogram broken horse) and
notes in the column (at the top)

on
the
right

(con fatiga, con fatiga insostenible) la permanente ausencia de su amado Chao Ming Chen (1129) de una vez por todas fallecido.

(worn out, overwhelmed with fatigue) the permanent absence of her beloved Chao Ming Chen (1129) gone for good.

Vulgata

Li Ching Chao en refajo, quién lo diría, asomada a la puerta del
Teatro Shangai.

Köhl, ah la belladona, el colirio, aroma del vetiver: el arroyo de
mugre en calle Zanja (se esfumó Li Ching Chao).

Decidme, ¿yo a mis sesenta y cuatro años no tengo derecho a
pasearme con la china de mis sueños por la calle
que me venga en gana, siglo XII, Barrio Chino, Co-
chinchina, reaparecer de su brazo por Belascoaín,
tabacazo, manilla de oro, dijes, escarpines de seda,
lino fino, dril cien, y el cráneo montado, Ching,
Ching, con la jeva narra que acabo de tumbarle en
el espejo a Chao Ming Chen?

Oiga, cubanazo, a ese paso acabará por torcerse el tobillo, romperse
un incisivo, huevo quebrado, suelta ya a esa china,
el siglo XII nunca existió, búsquese una mulata,
podrán entenderse en cristiano, mira que está a
punto, cubanazo, de quebrarse el Destino: búsquese
un médico chino que lo saque del apuro que se le
viene encima, Li Ching Chao, Zanja y Cuatro Cami-
nos, toda la parentela de la china, (súmese ahí la
poesía china) no podrán librarlo del naufragio:
avéngase, cubanazo; avéngase (con tino) esqueleto
rumbero, y entrégueles a los menesterosos del
camino que como moscas lo asedian su manilla,
dijes, tintineos, el refajo transparente de Li Ching
Chao y, sobre todo, el fajo ingente, cubanazo, de sus
poemas: huevo, sin duda, quebrado.

Yo le voy a decir la verdura de la verdad, estoy metido con Li Ching
Chao hasta la crisma, macao que no me suelta: a
esta china pasiva, qué caray, me la voy a subir al
regazo, darme recio banquetazo, al diablo con el
feminismo que tengo sesenta y cuatro años, no voy

Vulgate

Li Ching Chao in a slip, who could imagine, appearing at the door of
the Shanghai Theater.

Kohl, ah belladonna, dilated pupil, scent of vetiver: the filthy ditch in
Calle Zanja (Li Ching Chao has vanished).

You mean to say that at 64 I'm not allowed to stroll with the Chinese
woman of my dreams through whatever street, 12th
Century, Chinese Quarter, Cochin China, and
emerge arm in arm swaggering onto Belascoaín, a
big cigar, gold bracelet, charms, silk socks, fine linen,
deluxe drill, and head over heels–Ching, Ching–for
the Chinese chick I stole in reflection from Chao
Ming Chen?

Listen, you super Cuban, at this rate you'll end up with a twisted ankle,
a smashed tooth, a ruptured nut, it's over now, forget
that Chinese chick, the 12th century never happened,
look for a *mulata*, you'll get it on in plain Spanish,
look, it's the very moment, you super Cuban, for
Destiny to break: fetch a Chinese doctor to help you
escape the catastrophe that's about to happen, Li
Ching Chao, Zanja and Cuatro Caminos, the whole
Chinese clan (add all of Chinese poetry) can't free
you from the impending wreck: get used to it, you
super Cuban, get used to it (get with it) you dancing
skeleton, and give it all to the roadside beggars who
attack like flies, your bracelet, the tinkling charms,
Li Ching Chao's transparent slip, and, most of all,
you super Cuban, the tremendous bundle of your
poems: a ruptured nut for sure.

The truth? I'm loony about Li Ching Chao, it's a crab that won't let go:
I'm going to plop this china doll in my lap, hell's
bells, I'm going to eat her alive, to hell with feminism
I'm 64 years old, I'm not sucking up to anybody,

a hacerle a nadie la pelota, le daré a Li Ching Chao
(estoy hablando en plata) lo que me pida (si me pide
el pescado se lo doy) el cambalache es sencillo: yo,
pago, y ella a cambio, que me haga cosquillas en el
rabo.

I'm going to give Li Ching Chao (bigtime) whatever
she asks (whatever you want I'll give you baby) it's
tit-for-tat: me, I pay, and she–with any luck she'll
tickle my dong.

Inveterado

Donde la pera está magullada todos sufrimos un poco.

Más a la madrugada. Y aún más donde el viento se estrella súbito en los acantilados, su última racha será un cangrejo.

Deja diluirse el hambre, deja esa imagen, levántate empapado en sudor y mira desde la alta puerta ventana a los acantilados: orina, regresa, frótate las sienes con agua de colonia (sonríe, que ahí está tu madre) ponte una muda fresca de dormir, ve lento al poner de nuevo la cabeza en la almohada, el brazo derecho alcance la novela de detectives al alcance en la mesa de noche, lee, lee que el misterio está resuelto.

Con el cuchillo sajas la magulladura te embelesas en la jugosidad de ese fruto de verano para siempre, quieto (ya) el viento, lo visto queda visto, no tendrás que orinar hasta el amanecer, y al amanecer nada merma: las norias están de fiesta, y los cangilones; cayó la venda (bonancible) buena visibilidad esa palabra.

Se escucha el retroceso milenario del crustáceo sumiéndose a la cueva.

Inveterate

We all suffer a little where the pear is bruised.

Mostly in the wee hours. And especially where the wind crashes
  suddenly against the cliffs, its final gust a crab.

Give up diluting your hunger, leave that image behind, awake soaked
  in sweat and look towards the cliffs through the tall
  french door: piss, return, rub your chest with eau de
  cologne (smile: that was your mother) change pyja-
  mas, slowly rest your head on the pillow again, your
  right arm reaching for the detective story an arm's
  length away on the night table, read, read until the
  mystery is solved.

With your knife slice open the bruise the juiciness of this summer fruit
  always entrances you, the wind now quiet, what's
  seen has been seen, you won't have to piss til dawn,
  and nothing will leak then, the waterwheels and their
  vanes are on holiday. The blindfold fell (fair weather)
  that word good visibility.

You can hear the crustation's ancient backward progress towards the
  cave.

Danza macabra

Oí castañuelas, rigodón y peluca, vi entrar a Goya y Lucientes, quiso ver toros, estaba muerto, caprichos de la Muerte. Sonrosado, Luis XIV atisba entre miriñaques el último contenido de su madre. Un minué en torno al sol. Sus bucles se desprenden. Correteo de roedores. Rodar de nueces. Mirad, claros y más claros, cada vez mayor espacio. Un grabado. Un par de apuntes para el cronista (¿real?). La criada lava en un río insondable los pinceles. El monosabio, pala en mano, recoge plasta. Silban monótona tonada los cuadrilleros. Repito: caprichos de la Pelona. Alzan en andas al Rey, dos cochinillas imprimen sobre la sábana (batista) su potestad. Reino de la carcoma. Rumia del gorgojo. Perfil inmutable de la mantis religiosa. Entre los miriñaques de la Reina Madre (más que difunta) cuelga aire, aire vaciado, talan y talan en el reino, delfines nonatos, princesas picadas de viruela: al cubo de basura (al pie de la mesa de operaciones) el órgano reproductor. Zumban, a la desbandada. Embriones. Notaciones. Cresas deshechas. El cetro y los instrumentos de labranza, oxidados. Las aguas donde lavaron los pinceles de Goya y Lucientes no recuperan su color original. Tablas carcomidas del salón de bailes. Nupcias del Enharinado y la Gorgoja. Cabios apolillados, largueros astillados. Sólo subsisten los vanos. Zumban. Entran. Comprueban la inanición. Huyen a todo trapo. Ni un insecto ni la sombra de la tela de araña sobre las carcomidas tablas del suelo. Fuego irisado del agua devenida aire. Tentúa. El Interfecto. Occiso. Estirón. Un espichado del brazo de su espichada. Número ocho el Amor. Ya clama la yegua la totalidad del Reino. Enjaezada. Tras una puerta ventana calibran la sombra de una peluca descartada, la cuerda rota de un rigodón. ¿También? En la concavidad (insonora) oigo (fango) (fango) (fétido) (fétido) el fandango (crótalos, desprendidos) de Luigi Boc-

Danse macabre

The sound of castanets, a rigadoon a wig, and Goya y Lucientes entered, perhaps to see the bulls, he was dead, Death's caprices. Rosy-cheeked, Louis XIV discovers among his mother's crinolines her deepest secret. A minuet around the sun. His curls fall off. A scurrying of rodents. A rolling of walnuts. Look, clearings and more clearings, each one larger than the last. An etching. A pair of (authentic?) sketches for the chronicler. The servant girl cleans the brushes in an unsounded river. The picador's assistant shovels shit. The workmen whistle a monotonous tune. I say it again: Trickster Death's caprices. They lift the king in his sedan chair, two cochineal beetles imprint their power on the (batiste) sheet. Kingdom of the woodworm. The weevil's ruminations. The praying mantis' unchangeing profile. Air, empty air, hangs within the (more than dead) Queen Mother's crinolines, they prune and prune the kingdom, unborn dauphins, princesses pricked by smallpox: her reproductive organ in the garbage can (at the end of the operating table). They buzz, scattering. Embryos. Notations. A mass of maggots. The scepter and farming tools corroded. Where the brushes of Goya y Lucientes were washed the waters don't regain their prior color. The ballroom's worm-eaten floorboards. The wedding of the Pale One and his Weevil Bride. Termite-infested lintels, splintered frames, only the openings left. They buzz. They enter. They verify death by starvation. They hurry away. Neither insect nor the shadow of a spider web on the worm-eaten floorboards. Irridescent flame of water become air. Dead. The Stiff. The Victim. They kicked the bucket. Corpse and carcass arm in arm. Love the Reaper. Already the mare demands the entire Kingdom. Caparisoned. Behind a glass door they measure the shadow of a cast-off wig, the broken string of a rigadoon. That too? In the (soundless) hollow I hear (mud) (mud) (fetid) (fetid) the fandango (castanets untied) of Boc-

cherini. Oí, transmutar: Goya y Lucientes, un perro
sato obstinado en salir del abismo general. El Rey
Sol pretende (a estas alturas del juego, ¿será necio?)
recuperar la sombra intacta de su último paso de
danza al quebrarse a lo largo del esqueleto (música,
cacofónica) el rigodón. Inclinación. Paso atrás, Goya
oyó; paso lateral (eje final de la contradanza) el Rey
Sol (se extinguió).

cherini. I heard, thinks Goya y Lucientes, the transmutation, a hard-headed mutt struggling from the general abyss. The Sun King (at this stage of the game? is he an idiot?) tries to recover the intact shadow of his last dance step, the rigadoon at the moment when his skeleton (cacophonous music) split lengthwise. A bow. A step backwards, Goya heard; a sidestep (last axis of the contradance) the Sun King (gone out).

Ánima

En Ecbatana el arco iris sólo es visible en santidad.

La floresta a mano derecha entre las ruinas se ha cuajado de acianos.

En cada flor desaparece otra estrella otro corpúsculo azul de Dios.

Antares (blanca) Alfa del Centauro (negra) Régulo (púrpura)
    Aldebarán (azul) (su azul aún no es verdadero):
    anaranjado (Arturo) argenta (Altair) oro (Vega).

De Vega el azul en potencia es más intenso: su corpúsculo ya estría
    el oro ya se reconfigura a mano derecha en la floresta
    una última secuencia de acianos.

El nombre de la estrella oscurece (lapislázuli, retenido) la figura de
    Guadalupe encinta, todavía: desconoce la estatua
    de sal (al fondo). La azul intensidad del corpúsculo
    en la mirada de Guadalupe (guía) mano derecha a
    la floresta.

A mano izquierda (al fondo) la sal se desmorona (la estatua fue
    reconocida): un charco verdinegro refleja la intensi-
    dad bajo el sol del mediodía de un arrayán.

Guíame, arrayán, a los campos de aciano (guíame) tras la columna
    de sal al ojo lapislázuli de Guadalupe a la esfera
    imperecedera de la estrella en ruinas (Beatriz) ya en
    alto a la izquierda (Guadalupe) a la derecha (al
    fondo) guiadme del jaspe a la amatista al pie del
    resplandor.

Anima

In Ecbatana the rainbow is only visible in a state of holiness.

The grove to the right among the ruins is clogged with corn flowers.

Within each flower is lost another star another blue corpuscle of
God.

Antares (white) Alpha Centauri (black) Regulus (purple) Aldebaran
(blue) (even now its blue not true-blue): orange (Arc-
turus) silver (Altair) gold (Vega).

Vega's blue is more intense perhaps: its corpuscle now scores the gold
reshapes to the right a last clump of corn flowers in
the grove.

The name of that star still darkens one of Guadalupe's family names,
still darkens (lapis lazuli, remembered) Guadalupe's
pregnant body: it doesn't (at bottom) acknowledge
the statue of salt. The blue intensity of the corpuscle
in Guadalupe's gaze (guides) to the right side of the
grove.

To the left (at bottom) the salt is crumbling (the statue noticed): beneath
the midday sun a dark green pool reflects the
intensity of a myrtle.

Lead me, myrtle, to fields of corn flowers (lead me) past the pillar of
salt to Guadalupe's lapis lazuli eye to the imperish-
able sphere (Beatrice) of the star in ruins now over-
head to the left (Guadalupe) to the right (at bottom)
lead me from jasper to amethyst to the foot of the
hill of splendor.

Ánima

Está todo en su sitio.

El terebinto de mi bosque de letras.

La vez que presté atención al viento haciendo bailar las pencas y las frondas: y lo denominé en mi cabeza viento negro del rey Ahab, cesó el viento: una llamarada blanca, cesó.

El cuarto, sé a ciencia cierta que es una representación de la máxima blancura concebible asimismo de su vacío: lo sé por su manifestación (*res*) (*res*) su discurrir, conformarse materia y configuración: vedlo. Una lámpara de noche de donde brota la máxima claridad concebible de una hoja amarilla del sicomoro la abeja travestida hamadríade el cocuyo que es el relámpago hecho trizas: la triza de lo verde vuelta verdinegro vuelta negrura antes de reconfirmarse cuarto amueblado por cuatro o cinco objetos (todos en cuanto confirmación revestidos *a grosso modo* de sus cualidades más distintivas): ya puedo salir.

Puedo salir de espaldas de la habitación a mi abismo: vaciar (puedo) mi renovación.

Está todo (en su sitio) dispuesto.

El alba o la negrura, la compasión de la Reina Madre por las aves, el ruido impecable de la carpa en la alberca zambulléndose al hambre, los dos nenúfares (simultáneos) cerrándose: un rubí. Un agotamiento de mi energía descomunal, de repente inexplicable (a la vez que esperado: y deseado, en última instancia): el Verbo. Y un versículo del Libro abierto al azar: "como vasija de alfarero haráslos añicos." Y en verdad yo voy de mi figura al añico.

Anima

Everything in its proper order.

The terebinth in my forest of words.

The time that I noted the wind creating a dance of fronds and thickets, and in my head I called it King Ahab's black wind, wind, white flame, it stopped.

The room itself, I know for a certainty that it represents the whitest imaginable white and its emptiness also: by its appearance *(res) (res)* its flow, its agreement of matter and form do I know it: look at it. A night light from which grows the brightest imaginable light of a sycamore's yellow leaf the bee a hamadryad in disguise the firefly a fragment of shattered lightning: a fragment of the green become green-black become blackness before it once more finds itself a room furnished with four or five things (all of which as if in confirmation more or less dressed in their most distinctive qualities again): I can leave now.

I can leave I can turn from that room to my abyss: (can) empty my renewal.

Everything arranged (in its proper order).

Whiteness or blackness, the Queen Mother's compassion for birds, the impeccable noise of the carp in the pond submerging itself in longing, the two water lilies (simultaneously) closing: a ruby. My prodigious energy exhausted, inexplicable suddenly (at once in the long run both awaited and wanted): the Word. And a verse from the Book fallen open at random: "thou shalt dash them in pieces like a potter's vessel." And I travel in truth from my shape to a shard.

Ánima

Reinado del agua, al sesgo. Con fervor (agua) con fervor (agua).
Lluvia sin lumbre contraria al agua. Ígneo reinado
el agua del subsuelo, agua del agua. Agua vaciada,
agua del Reino. La clarividencia del agua entre las
manos: regocijo del cristal. Vaso, reposa. Llave estu-
pefacta el gobio que dormita al trasluz en la pecera.
Arrobo verdinegro del musgo. Agua transverberada.
La avena loca es agua. Traen agua las rosas de piti-
miní. Traen agua los varasetos. Rosca contraria al
agua, el pez. Saeta, de agua. Nasa, vacía. Se desenreda
la lenteja de agua a ras (contraluz) de la superficie.
Reaparece: loto; libélula; noctiluca (se estrelló). Rei-
nado de la Muerte, agua que sobreviene. Reinado
que sobreviene, astilla del agua. Una muerte, un loto.
Una muerte, un rubí. Una muerte, trasluz de la
libélula a la hora cuando revierte: noctiluca; gobio;
nasa. Agua, vacía. El musgo (óseo) se desenrosca,
polvo de tuétano (orín, la hez de toda vendimia).
Reinado del trasluz, reino del orín: guadaña; cedazo;
escombro. Escombro del agua, el vaso. Escombro
del vaso, el musgo. Musgo transverberado a ras de
una superficie (trasluz) contrariado del agua. Haz
que no transcurra, gobio. Haz que no se manifieste
más, libélula. Centella, haz que repose. Un ascua,
alga; alga desenroscada el agua estancada. Agua
estancada eslabón verdadero. Madre estancada, a
su reino. Reino de la gota en reiteración de la Nada.
A su vacío (vaciado) de agua. Vacío al sesgo
(vaciado) de la llovizna al golpear (catarata) los
techos de pizarra. Ojalá. Ojalá. Así el vacío así el
agua.

Anima

The kingdom of water, slanted. Fervently (water) fervently (water). Rain lusterless, against the current. Igneous kingdom subterranean water, water of water. Water emptied, the Kingdom's water. The clear-sightedness of water between one's hands: the joy of crystal. A glass rests. Stunned key the backlit goby dozing in the aquarium. The moss's dark green ecstasy. Transfixed water. The wild oats are water. The fairy roses carry water. The trellises carry water. The fish the water's backward spiral. Arrow of water. An empty seine. The duckweed disentangled nearly touching the surface (translucent). Which reappears: lotus, dragonfly. Plankton, phosphorescent (shattered). The Kingdom of Death, water appears. A kingdom appears, a splinter of water. A death, a lotus. A death, a ruby. A death, the dragonfly's translucence when it comes again. Phosphorescent plankton, goby, seine. Water, empty. (Osseous) moss unscrews, powdered marrow (rust, the dregs of every vintage). The reign of the translucent, the reign of rust: scythe, sieve, debris. Debris of water, glass. Debris of glass, the moss. The moss quivering (translucent) nearly touching the surface resisting the water. Goby, hold back the water. Dragonfly, make the water vanish. Spark, calm the water. Seaweed an ember; seaweed unscrewed the water stagnant. The stagnant water a link, truly. The stagnant Mother proceeds to her kingdom. Kingdom of the drop repeating Nothingness. To its (emptied) watery emptiness. Emptiness (emptied) in the slant of the drizzle the slate roof (cataract) staccato. May it be! May it be! The emptiness thus the water thus.

Ánima

Paul Vignaux (mucho se lo agradezco) me pone en el camino de la
sacrae eruditionis.

Pianto della Madonna (Monteverdi) *a fair sight to my ears*: en Sión reposo
sentado sobre la arena apoyado a una piedra miro
en lo alto una cúpula (aún, intangible) en su cima
reverbera curvado lo intangible: cierro los ojos (en
Sión) *O quam pulchra es.*

Por mor de tangibilidad (ya que es bueno tener los pies sobre la tierra)
se sobreentiende que quien esto suscribe hace la
digestión sentado en su butaca de lector (torre de
Montaigne) rodeado (quizás sea algo aparatoso) de
libros (toda una acrobacia este asunto de los libros):
una rápida ojeada muestra a mano izquierda el buró
de pino barnizado sobre el velador Mevacor 10 mg.
(hay que precaver) en efecto el libro de Paul Vignaux:
a mano derecha (sobrevolando) Quevedo (páginas
inmortales del reverendo chueco antisemita cojitran-
co cegato: cegato mas no efímero): se ven también
unos poemas (todo un fajo de tankas) de la Princesa
Shikishi: laderas bambú escarcha el cuclillo (*venite;
venite*) en la cima del monte Katsuragi la escarcha
recién formada reflejando a ras el vuelo (verdadero
sobrevuelo) de la bandada de colimbos

Yo opto yo opto por leer yo opto este atardecer bajo el formidable
peso (sobrepeso verdadero) de todas las escritoras
criaturas compositoras o estudiosas criaturas yo
opto por leer en voz baja (queda) (queda) el breve
poema de Koran Shiren (poeta Gozan) donde refiere
en breve cómo la firmeza de las cosas pierde el pie
o cómo en el temor (verdadera lección de tinieblas)
la ausencia absoluta de ruido o viento permite oír
la lejana campana que a todos anuncia la conser-
vación de una y todas las cosas forjadas de intangi-
bilidad.

Anima

Paul Vignaux (to whom I owe a debt of gratitude) sets me on the
path to *sacrae eruditionis.*

Pianto della Madonna (Monteverdi) *a fair sight to my ears*: I sit on the
sand resting against a rock in Zion I see in the sky a
cupola (intangible still) at its peak the curved rever-
beration of the intangible: I close my eyes (in Zion)
O quam pulchra est.

Because of tangibility (and it's a good thing one's feet are firmly planted
on the ground) it's obvious that whoever agrees to
this digests his food while seated in an armchair
(Montaigne's tower) surrounded (the effect perhaps
exaggerated) by books (books piled in acrobatic
balance); a quick glance reveals to the left the
varnished pine desk, on the bedside table Mevacor
10 mg. (just to be careful) and also Paul Vignaux's
book; to the right (in overflight) Quevedo (immortal
pages of that notorious myopic antisemitic gimp:
myopic but not ephemeral): also to be seen are some
poems (a whole sheaf of tankas) by Princess Shikishi:
bamboo slopes frost the cuckoo (*venite; venite*) at the
peak of Mount Katsuragi the recent frost reflecting
nearly touching the flight of (true overflight) a flock
of grebe.

I choose I choose to read I choose this evening beneath the prodigious
weight (true overweight) of all the writer-beings
composers or scholars. I choose to read softly
(quietly) (quietly) the brief poem of Koran Shiren
(the poet Gozan) in which he describes in brief how
the stability of things loses its certainty or how, in
fear (true *tenebrae*), the total absence of sound or
wind brings near the distant bell that announces to
all the preservation of all things forged of intangi-
bility.

El acto de materia por consecuencia es cierto: *venite, venite*. Es cierta cierta materia por consecuencia *Laudate Dominum*: y por consecuencia en breve qué vista qué de oídas qué ruido o qué viento el campanazo qué y qué la especie por cierto qué ha sido o fue todo esto y qué de qué la hora (consumada) qué yo ni qué qué reconfirmación la criatura.

The law of matter in consequence inarguable: *venite, venite*. At least of certain matter, in consequence *Laudate Dominum*: in consequence in brief what hearsay what sight what wind-rattle what bell-ringing what and what the kind most certainly what has been or was all of this and what of what the hour (consummated) what I nor what what reconfirmation the being be.

Ánima

Crucé el umbral, puse el pie en una calle de arena, Vía Láctea,
   mediodía el espejismo de una sola estrella.

Camino de espaldas, sé que camino de espaldas, a un lado y otro
   deambulo, la soga al cuello, reata de mí mismo, aden-
   tro, a punto de cruzar el umbral todo permanece in-
   tacto.

Dos veces me advierten que me quede quieto, no se contradicen, es
   imposible que no se contradigan, no entiendo: una
   figura resbala por el espejo de cuerpo entero, la mis-
   ma figura (otra voz) se ha fijado al espejo ovalado
   de vuelta al origen del azogue.

Cómo me llamo cómo me llamo, a qué: Vía Láctea el agua, intacta
   arena la huella de mis pies al cruzar el umbral, sé
   que no soy yo (ya era hora) a un lado y otro lo corro-
   boro, corroboro que de perfil no soy yo, he cruzado:
   un tiempo bonancible, sin senda.

Una vuelta en derredor me trae el apogeo de mis progenitores,
   arena (hasta donde alcanza la vista) bailamos: sus
   progenitores de piedra caliza golpean ajorcas de
   agua, atambor el aire, un rastro de cardenillo, un
   sendero de malaquita.

Me vuelvo, a mis espaldas un mueble de majagua, la desolación del
   azogue: me han devuelto la mirada. Se incrustaron
   de pie en el espejo del escaparate, sentados se han
   incrustado en el espejo oval del dormitorio: es la
   hora.

Yo por mí estoy dispuesto. Buena señal la intensidad del calor, la
   aparición del sol en mitad del cielo, cuarto creciente
   la luna transida de calor.

Anima

I crossed the threshold into a street of sand, the Milky Way, midday
the illusion of a single star.

I walk backwards, I know that I walk backwards, I weave from side to
side, the noose around my neck, my own reata, with-
in, about to cross the threshold everything intact.

Twice they warn me to be still, they don't contradict themselves, of
course they don't, I don't understand: a shape slips
through the full-length mirror, the same shape (ano-
ther voice) plastered to the oval mirror returned once
more to its origin as mercury.

What's my name, what's my name, why bother: Milky Way the water,
intact sand my footprints crossing the threshold, I
know that I'm not the same (and none too soon) on
one side and the other I affirm, I affirm that in profile
I'm not me, I've crossed: fair weather, no path.

One rotation brings me the apogee of my ancestors, sand (as far as the
eye can see) we dance: its limestone ancestors strike
bangles of water, the breeze an antique drum, a ver-
digris track, a malachite path.

I return, behind me a majagua cabinet, the desolation of mercury: they
have returned my gaze. They walked through the
cabinet mirror, seated they pass through the oval
mirror: it's time.

I'm ready, I think. The heat's intensity, the sun's appearance in mid-
sky, the quarter moon exhausted by heat, good omens
all.

Agazapado, canto: alzo la voz, desciendo. Sonríen. Están contentos.
Doy por sentado que por primera vez están con-
tentos. A sus pies me coloco, recibo la bendición de
sus progenitores. Cae el cardenillo, cae la arena; voz
de progenitura.

Nos calzamos. Manto ritual. Solideo. La voz alzamos. Tres voces
fuimos voces de arena somos, de nuevo: lenguas de
fuego, ateridas. Nos inclinamos (reunidos) rozamos
la madera pulimos la madera: una estrella incrus-
tada en la frente.

Beato Angélico, dame la mano que llega el tránsito, se estrecha la
puerta, aparece el leopardo, en sus ojos la estrella,
la señal de la arena, madre impostada.

Poised, as if to spring, I sing: I raise my voice, I descend. They smile, they're happy. I take it for granted that they're happy for the first time. I kneel at their feet, receive the blessings of their ancestors. The verdigris falls, the sand falls: the voice of progeny.

We don our shoes. A ritual cloak. A skullcap. We raise our voices. We were three voices we are voices of sand again: tongues of fire, stiff with cold. We bend ourselves (together again) we rub the wood we polish the wood: a star inlaid in our foreheads.

Fra Angelico, give me your hand the moment is coming, straight is the gate, the leopard appears, in its eyes the star, the sign of the sand, a pretense of motherhood.

Lecho de muerte de William Blake

Señor William Blake, con sigilo, preséntese. A solas. El porte, ante la puerta labrada. Dos leones. Siete constelaciones. El viento a dos carrillos autorizando una galerna. Abra. Tres pasos, mantener la vista baja un momento. Un momento: han pasado los siglos. Y sin conflagración. Levante ahora la cabeza: dos leones. Una sola melena. Ya ve que son de carne y hueso. ¿Reconoce la cara mitad de la Pelona? Compruébelo. Alegran en verdad estas certidumbres. Ladee la cabeza siete veces a un lado y otro: a toda certidumbre reconozca ahora la ausencia de alegatos. Siete constelaciones. ¿Las reconoce? Parecen las de siempre. Nómbrelas, de pe a pa. Excelente: tiene intacta, señor Blake, la retentiva. Un paso al frente. Ábrase de piernas, plántese firme, *ruaj, ruaj,* el viento intempestivo podría astillarlo de la cabeza a los pies, palo de mesana arrancado de cuajo. Afinque el corpachón. Sosténgase. Patas de percherón, firme semental William Blake, muslos como tiro de corceles, troncos de encina cuajados de nódulos (várices, impenetrables). La fuerza bruta del Espíritu, ¿verdad? Magnífico. Ha rebasado otra prueba con honores. Loor a William Blake: está, y no es broma ni sorna, entre los Elegidos. ¿Cómo que de quién? Paciencia. Y verá. En efecto, no son muchos. Está medio vacío el Paraíso. Huestes de redactores por vía angelical de la Palabra apenas llenan dos o tres valles celestiales. Y en el undécimo cielo verá a los silentes, santos de santos que concibieron al pie de la letra incandescencias de la abstracción. Póngase cómodo. Tres almohadones de plumón para recostar la cabezota. Ungida, en efecto, por manos de mujer. Alerta, pronto será llamado a comulgar. El fajo de poemas que le sustrajeron en vida ya nutrió al Cordero. Vedlo, reposa. Hace digestión. Un asterisco de ceniza marca su frente. Contemple ahora las palmas de su mano. Acérquelas, acérquelas en transparencia a la mirada. Se trata en efecto de la

William Blake on his deathbed

Mr. William Blake, no fuss, front and center. Alone. Erect at the carved
gate. Two lions. Seven constellations. The high wind
announcing a gale. Open it. Take three steps, gazing
downward for a moment. In a moment: centuries
have passed. With no conflagration. Now raise your
head: two lions. One mane. Note that they're flesh
and bone. Do you recognize the profile of The
Reaper? Test it. These certitudes are comforting. In-
cline your head seven times in each direction. Note
the absence now of argument about all certitude.
Seven constellations. Do you recognize them? They
appear to be the usual ones. Identify them, first to
last. Excellent: your memory's intact, Mr. Blake. One
step forward. Spread your legs, plant them firmly,
ruah, ruah, the sudden wind could uproot and shat-
ter a mizzenmast. Brace against it. Steady as a rock.
William Blake, a percheron's legs, a stallion, thighs
like a team of horses, like oak trees filled with nod-
ules (impenetrable varicose veins). It's the brute force
of the Spirit, is it not? Magnificent. You've passed
another test with honors. Hurrah for William Blake:
you are among the Elect, no joke. By whose com-
mand? Have patience, you'll see. There aren't many–
this Paradise half-empty. An army of copyeditors
directing the traffic of the angelic path of the The
Word can barely fill three heavenly valleys. And you
will get to see the silent ones in the eleventh heaven,
those whom the saints call saints, who imagined
from the first letter the incandescencies of abstrac-
tion. Make yourself at home. Here are three down
cushions on which to rest your collossal head.
Annointed–really–by a woman's hands. Attention,
soon you will be called to communion. The bundle
of poems extracted from you in your lifetime has
fed The Lamb already. See him, at rest. He digests.
An asterisk of ash marks his forehead. Now con-
template his palms. Bring them close, bring them

mirada interior. ¿A que no se parece en nada a la que concibió? Ya ve que no sólo la mirada externa no ve. Más al fondo, lumbre. Letra mascada del Cordero, mate fulgor. Excretada ceniza. Contémplela recogida mota entre los cuencos de las manos. Cántico: Uriel. Rahab. Tirzah. Es la ocasión (oíd restallar las trompetas). Tubas. Clarinetes. Hora de penetrar (vez postrera) del glande al cuerpo esponjoso a gónadas (potente eyaculación) el saco más interior de la señora. Por supuesto, que se trata de la señoraBlake. *In orchards.* No se haga a otra idea. Se trata de la carnal mujer. *Under arbors.* No parece que ha llegado la hora de remontar la unión que conduce a los pies de la Mater. Paciencia. Y adelante por esa pasarela. Nunca se sabe lo que irá a ocurrir. ¿Oyó el estruendo? De *motu proprio.* Motor primero, la eyaculación. Mareas. Plenilunios. Los desiertos. Pleamares de arena. Al escabullo. Dios, al escabullo. De furtivaderas, el Inalcanzable. Grano anterior cegando el ojo tercero de la mirada. Dios de prebendas impone obstáculos. Taras (ahí, el corpúsculo infinitesimal de arena: cómo impide, jamás pudo nadie imaginar tal cosa). Y con todo y todo, señor Blake, el parpadeo de unas páginas, ¿qué es sino balbuceo inerte de las eras? Mota anterior al agua lustral. Mota última de la ceniza antes del hisopo empapado en aceite virgen de oliva traspapelado por su frente. Esa frente ya de espaldas. Hora de llamar. Invóquelo. Supliquele que asome un momento de la Madriguera. ¿Será pieza penúltima la Muerte? ¿Saldrá a que coma porción del Rostro? Rostro abrecaminos, ¿adónde? ¿Precede la conjunción? ¿De los cuerpos? A rebato. Ánimo, Blake: pordioséalo. Por pasarelas en alto penetra la Nada fehaciente, palpa a tu lado tu mujer desnuda, manto sagrado. ¿Qué más quieres? Ahí tienes el vestíbulo. Esa cámara a mano izquierda es la antesala. Dos

close transparent to the glance. The inward glance. It's unlike anything you've ever imagined? He now sees that it's not just the outward glance that doesn't see. Deeper still, a radiance. The letter chewed by The Lamb a dull splendor. The ash excreted. Gaze at the single speck within the hollow of your hands. A canticle: Uriel. Rahab. Tirzah. The moment has arrived (listen to the trumpets crackle). Tubas. Clarinets. The hour in which (this one last time) to penetrate completely, glans to gonads (a powerful ejaculation), into the woman's deepest sac. It's Mrs. Blake, of course. *In orchards.* Don't think otherwise. Your earthly wife. *Under arbors.* The hour to resume your union at the feet of The Mother seems not to have arrived. Have patience. Forward now, across this footbridge. What's to come is never known. Did you hear that noise? The *motu proprio.* Primal motion, ejaculation. Tides. Full moons. Deserts. Floods of sand. Sneaking away. God Himself, sneaking away. The furtiveness of The Unattainable. The anterior grain blinding the third eye of the glance. The God of prebends imposes obstacles. Flaws (look, the infinitesimal corpuscle of sand: how it hinders, no one could imagine it). All in all, Mr. Blake, what's the blinking of a few pages but the inert stammering of ages? A speck anterior to the cleansing water. The last speck of ash preceding hyssop steeped in virgin olive oil misplaced upon your forehead. That forehead now turned away. The hour of summons. Invoke it. Bid him emerge for a moment from his Lurking Place. Will Death be the penultimate play? Are you about to eat a piece of his Face? His Face that shows the way to where? Does it precede the conjoining of bodies? The call to arms. Courage, Blake: beg for it. You ascend by footbridge to be penetrated by true Nothingness, feeling at your side your naked wife, the sacred robe. What more do you

puertas laterales, últimas elucubraciones. Entra.
¿Imaginas ya el Trono? ¿La descarnada desnudez
del Abstracto? Apégate al camastro en extrema
unción, hace frío, abrázate aterido a la señora
(¿menstruos de arena, tu mujer?). Y entre ceja y ceja
recibe la oclusión, discurre, revierte al ojo derecho,
vedlo, se ramifica, del lagrimal al iris recurren las
galernas, galernas de dispersiones.

want? Here's the entryway. The antechamber's to your left. There are two side doors, your final test. Enter. Have you already imagined the Throne? The fleshless nakedness of Abstraction? At last rites become fond of the old bed, it's cold, shivering embrace the woman (menses of sand, your wife?). And between eyebrows receive the occlusion, flow, revert to the right eye, see it, branch out, the gales, the scattering gales blow between tearduct and iris.

Siete prosas

La voz del amo(r)

En muchas ocasiones oigo la voz de mi madre que me llama por mi nombre; no mi nombre de pila sino una especie de apodo que ella misma me adjudicó de niño y que reservo para los grandes amigos (4), padres y allegados.

Es siempre la misma voz, tierna y tranquila, invariable. Aparece, no cuando lo necesito sino previendo que la voy a necesitar: acude, no para resolver sino para acompañar, lo cual resuelve.

Nunca oigo la voz de mi padre. Su fuerte acento judío cuando habla español debo haberlo soterrado de niño en las mazmorras del inconsciente, no lo oigo. Soy capaz de imitarlo pero no de oírlo: eso que imito no es su voz sino mi voz buscando la suya: cierro los ojos, me impongo un esfuerzo, busco.

Hablaba poco, pero después de todo, hablaba. Y en algunos momentos se echaba unas parrafadas de largometraje: no obstante, aquella voz que desde niño oí tantas veces sigue siendo inalcanzable.

¿Inalcanzable? Más bien sucede que cuando me propongo oírlo, en vez de su voz empieza a brotar un manantial de voces: las modulaciones varían, se confunden y desequilibran; los tonos pasan del monocromo a la polifonía; la voz disuelta en voces conforma palabras que a veces parecen eslavas, y otras veces chinas, hebreas, españolas, portuguesas: hay tonos marcadamente habaneros, otros ucranianos, otros mexicanos, algún tono salido de un inglés macarrónico, pronunciado con la carraspera cantarina del yiddish.

He llegado a contar hasta catorce voces: la suya, la que no encuentro, no la voy a encontrar. Esa voz se perdió en mi infancia, a veces pienso que quizás podría recuperarla; mas no es posible, porque antes de perderse en mi infancia ya se había perdido en la suya.

Seven prose pieces

The voice of love (his master's voice)

Often I hear my mother's voice calling my name; not my given name but a diminutive of sorts that she herself conferred upon me in childhood and that I trust only to my (4) closest friends, relatives and such.

It's always the same voice, sweet and calm, unchanging. It comes to me, not when I need it, but when it foresees that I will: it arrives, not to offer solutions, but to accompany their resolution.

I never hear my father's voice. In my childhood I must have locked his Spanish with its Jewish inflection in the dungeons of the unconscious, I don't hear it. I can imitate but not hear it: it's not his voice I imitate, but my own striving to find it: I close my eyes, I force myself, I search.

He didn't speak much, but he did speak after all. At certain moments he would expound at length: nonetheless, that voice that I heard so many times from childhood on remains beyond reach.

Beyond reach? Rather that when I try to hear it instead of a single voice a spring of voices emerges: their modulation varies, they're confused, they lose their balance; the tunes pass from monochrome to polyphony; that voice dissolved in voices forms words that at times seem Slavic, at others Chinese, Hebrew, Spanish, Portuguese. Some of its tunes are clearly Havana, others Ukraine, others Mexico, and some a macaronic English, with the guttural sing-song of Yiddish.

I have counted fourteen voices, but his I never find, will never find. That voice was lost in childhood, sometimes I think to find it again, but it's no use: it was lost in his own childhood before it was lost in mine.

Danzonete

Mi tío es pecoso, con el pelo rojo como la candela conflagrada.
Mi tía tiene la piel blanca leche de burra, la cabellera ensortijada, castaña con visos grana, los ojos negros.

En la Plaza de Armas se reunió el pueblo a festejar la efeméride patria. La retreta toca un danzonete antañón, de sombrero de paja y pañuelo de encaje, desde una glorieta.

El pueblo le abrió hueco a mis tíos ejecutando aquel largo, interminable danzonete; el pueblo corea "yo quiero bailar contigo, al compás del danzonete."

A la verdad, nadie baila mejor que la pareja de los polacos. Jamás trivializa la elegancia, jamás hace gala de donaire: la perfección es comedimiento, exactitud. El paso, al paso.

Airosa, tía viste pantalón de dril y guayabera, sombrero de pajilla, zapatos blancos. Ha de ser el sol del mediodía que aún relumbra al atardecer, ese sol de Jericó, padre de alucinaciones.

Cómo si no explicar la ropa de hombre de mi tía. Cómo si no explicar la vuelta maja y desenvuelta que acaba de dar, se vio girar el ruedo inabarcable de una falda alrededor de un punto fijo de compás, tía chapada a la antigua con su ropa de hombre.

Se puso el sol, mis tíos forman en el aire la aguja de una catedral al juntar las manos, unir las yemas de sus dedos.

El vuelo de la falda quedó suspenso con el último acorde de la banda municipal, fijo en los ojos de mi tía el cadáver óseo de su marido.

Danzonete

My uncle is freckled, his hair is red, flame upon flame.

My aunt is as pale as donkey's milk, her hair in ringlets, chestnut with glints of red, her eyes black.

The crowd gathers in the Plaza de Armas to celebrate the national holiday. In the bandstand the musicians play a danzonete of other days, the days of lace and boater hats.

The crowd opens a space as my aunt and uncle execute a long, an endless danzonete. In chorus the crowd sings, "I want to dance with you to the beat of the danzonete."

No one dances better than these two yids. They never take elegance lightly, they never pretend to charm: perfection is restraint, exactitude. Step after step.

My graceful aunt is dressed in cotton pants and guayabera, boater hat, white shoes. The midday sun must still be brightening evening, that Jericho sun, father of all hallucinations.

How else account for my aunt in men's clothing. How else explain the gay twirl and counter-twirl she's just completed, the endless hem of a skirt her compass point, my aunt in her old-fashioned men's clothing.

The sun has set, my aunt and uncle make of their hands in the air a cathedral's steeple, fingertips joined.

At the band's last chord the twirling skirt remained suspended, and in my aunt's glance was fixed her husband's bony corpse.

El niño disfrutón y las sustancias nutritivas

El niño disfrutón tiene la mejor suerte del mundo. A la hora del postre le tocó una chirimoya sin semillas, pulpa rijosa, puro vientre: los hermanos a la mesa escupiendo el lustre azabache de mamey: y él abriendo una boca del tamaño de toda la cara, llenándosela de aquella carnosa blancura sin estrépito, palmotea como una foca y les dice a los hermanos para fastidiarlos que se ha tragado una semilla, que una semilla se le ha atragantado, le va a crecer un chirimoyo en la barriga.

Otro día el niño disfrutón regresa en bicicleta de la heladería del pueblo con seis barquillos de tres bolas de helado cada uno en la mano izquierda, con la derecha en el manubrio dirige la bicicleta, en ristre las bolas blancas, rojas, amarillas de helado. ¿De dónde sacó el disfrutón bolas de helado de guanábana, anón, mamey, mango? Aquí al norte del país nunca vimos antes estos trópicos. ¿Y cómo es que no se derritieron por el camino, son diez minutos de bicicleta? Son helados templados, no se hielan ni se deshielan, están hechos a la temperatura perfecta, una temperatura inderretible. Y se echó a reír delante de los seis hombretones atónitos, vieron en su boca tres huecos de tres dientes de carne que le quedan por salir, tres pozos listos para recibir toda clase de suculencia.

Es un suertudo, que duda cabe. Llegan las floridas novias de los seis hermanos y todas a una se lo reparten, lo apapachan, y apachurran, se lo suben al regazo, y más arriba del regazo, lo aprietan y desaprietan, se lo pasan de una a otra, lo levantan por un pie en vilo poniéndolo de cabeza, desde lo alto le llega una emanación deliciosa a mujer, mareo gozoso, alferecía placentera, el niño disfrutón se aleja camino de su cuarto sintiendo el peso abultado de su pichirolo rozarle la tela de los calzoncillos.

Un suertudo, toda la noche sueña que se ha estado templando blandas chirimoyas, cálidas masas de helados tropicales, seis bellas durmientes.

The carefree boy's idea of nutrition

The carefree boy is the luckiest boy alive.

When it came to dessert his share was a seedless chirimoya, custardy sweetness, a perfect womb, while his brothers sat at the table spitting out lustrous black seeds of mamey. He opened his mouth as wide as his face and silently stuffed in that fleshy whiteness, clapping like a seal, and disturbing his brothers with the news that if he'd swallowed, if he'd choked down even a single seed, a chirimoya tree would sprout in his belly.

On another day the carefree boy returns on his bike from the ice cream parlor with six three-scoop cones in his left hand, his right on the handlebar steering, white, red, yellow scoops at the ready. Where had he come upon scoops of guanábana, anón, mamey, mango? We never see these tropical flavors here in the north. And why didn't they melt on the way? It's a ten minute bike ride. But it's luke-warm ice cream, it neither thaws nor freezes, the perfect temperature, a temperature at which nothing melts. And he burst into laughter in front of those six astonished overgrown boys, who saw in his mouth three grown-up teeth about to emerge, three wells prepared to receive all manner of succulence.

A lucky duck, no doubt about it. His six brothers' flower-fresh sweethearts arrive: they pass him around, they cuddle and crush him, they press him to their laps and even higher, they squeeze and hug him each in their turn, steadying his head they raise him into the air by his feet and a delicious aroma of womanhood wells up to envelop him, fainting with delight, swooning with pleasure, he floats toward his room, feeling the heavy presence of his peepee rubbing against his underpants.

That lucky duck, all night he dreams he's been making love to soft chirimoyas, warm billows of tropical ice cream, six sleeping beauties.

El niño disfrutón

Doce años de edad recién cumplidos, cachetón, orejudo, fortachón, ligeramente pecoso.

Lo pones a solas en la punta de un farol del paseo marítimo y se pasa las horas reproduciendo el salto de los delfines, recorriendo los mares del sur como un ballenato.

Le atizas por malcriado, agarra el regaño y el castigo, y los envuelve mandolina, picnic y floresta: ahí se sienta y remeda, con voz de barítono, el dos elefantes se balanceaban.

El poema del rincón en un ángulo oscuro lo escribió él; príncipe heredero de la corona, él; en el doble masculino de tenis de mesa, ganó él y sólo él, el Victorioso, el Arrollador; película más vista del año, dirección, papel principal (adivina adivinador).

En el acertijo de la edad madura, vejez y muerte hará de la adversidad, caudal; contraste, del aburrimiento; y del miedo a morir un total y absoluto salpafuera.

The carefree boy

He's an apple-cheeked, jug-eared, strapping 12 year old with a spray of freckles.

Plunk him down on the tip of a light-pole by the sea and he'll while away the hours mimicking leaping dolphins, touring the South Seas like a baby whale.

Spank him for being spoiled and he'll transform scolding and punishment into a forest picnic, complete with mandolin; and he'll sit there intoning, in a baritone voice, baa baa black sheep.

It's he who wrote the poem of the red red rose; he, the crown prince; he and he alone, the Victorious, the Triumphant, has won at men's doubles in table tennis; he, dircetor and lead in the most popular film of the year (knock knock).

Once within maturity's riddle he will make wealth of the adversity of age and death—there will be no boredom—and fear of death will become a carnival.

Invulnerabilidad

El niño disfrutón está sentado con sus pantalones cortos sobre el suelo de cemento con un montón de uvas pasas rubias y negras entre sus piernas abiertas.

A veces se lleva un puñado a la boca, mastica, masculla, entrerríe, despacio.

La madre, desde la ventana, lo regaña: luego no tienes hambre, a la hora del almuerzo no comes nada.

El niño disfrutón abre la boca de par en par mostrándole a la madre que son hormigas, unas rubias, otras negras.

Cierra la boca, muerto de risa oye el golpetazo de la ventana de mainel que trancó la madre, la oye a taconazos limpios del dormitorio a la sala, oye abrirse la puerta de entrada de la casa, ve amenazadora a la madre de cofia y delantal acercarse a pasos agigantados, su inmensa sombra se le ensimisma como un pájaro de mal agüero con las alas abiertas.

El niño disfrutón no se mueve de su sitio, sonríe, qué le podría suceder.

Sabe que cuando la madre descargue el brazo levantado con toda la furia lejana de una irritación demasiado concreta como para hacerle un daño excesivo, ya se habrá alejado él con las hormigas que entraron por la boca, confundiéndose con ellas, excavando, excavando túneles, pasadizos, nidos, orificios nuevos, excavaciones más hondas, quién, qué podría azotarlo, alcanzarlos entre aquel rápido desorden de hormigas en las profundidades.

Invulnerability

The carefree boy sits on the concrete pavement in short pants, a pile of gold and black raisins between his thighs.

Sometimes he raises a handful to his mouth and chews, mutters, chuckles to himself.

His mother scolds him from the window: you'll ruin your appetite, you won't be able to eat lunch.

The carefree boy opens his mouth wide, so that his mother can see that they're ants, some gold, some black.

He closes his mouth, collapsing with laughter he hears the thud as his mother bolts the casement window, hears the hollow click of her heels as she makes her way from bedroom to livingroom, hears the opening of the front door, sees his mother's threatening form, in cap and apron, approaching with giant steps, her enormous shadow hovers above him like a bird of ill portent, its wings spread wide.

The carefree boy moves not at all, he smiles, what can happen to him?

He knows that when his mother lets loose her upraised arm with all the distant fury of too focused an annoyance as if to do him serious bodily harm he will merely have to wander off with the ants that enter his mouth, losing himself among them, excavating, excavating tunnels, passages, nests, new orifices, still deeper excavations, who, who then could whip him or overtake them in the depths among that frantic mob.

Transiciones

El niño disfrutón se asomó a la ventana y se puso a gritar, ya no sueño despierto ya no sueño despierto, ahora soy real.

Era un hermoso día de primavera, el primero después de un largo y crudo invierno en que estuvo semanas y semanas encerrado, el mundo era gris.

Se volvió a ver entre las brumas soñando despierto que llegaba el primer día de primavera y asomándose a la ventana gritaba a pulmón henchido, ya no sueño despierto ya no sueño despierto, ahora soy real.

Trancó la ventana, giró sobre sus talones y se puso a silbar: silbar era pájaros, las yemas repuntadas de los rosales y de los cornejos, silbar era alargar la luz del día, apuntalar la salida del sol.

El niño disfrutón sabía que si dejaba de silbar no habría primavera.

Transitions

The carefree boy stuck his head out the window and began to shout: "This isn't a daydream this isn't a daydream, I'm real now."

It was a lovely spring day, the first after a long, raw winter locked in the house, the world gray.

He turned and saw through the mists of daydreams that the first day of spring had arrived and sticking his head out the window he shouted: "This isn't a daydream this isn't a daydream, I'm real now."

He shut the window, spun round on his toes and began to whistle: whistling was birds, was buds of rose and dogwood, whistling was to prolong daylight, to maintain sunrise.

The carefree boy knew that if he stopped whistling there would be no spring.

Primera y última

1. Mis padres emigraron de Polonia y Checoslovaquia, a los veinte años me expulsé de mi país previendo cierto clima de cárcel generalizada al que la nación sucumbiría, y que no era de mi agrado (luego descubriría que todo el planeta es por igual una cárcel generalizada): nací en Cuba, en Cuba no dejé progenie alguna, a Cuba no volveré: soy, por ende, primera y última generación de cubanos.

2. Aquí en casa tenemos una mesa comedor para ocho que nos costó un ojo de la cara hace más de quince años: mesa de patas labradas, uvas y cangrejos, lisa superficie que al tacto hace estremecer. No creo que hayamos comido a esta mesa en más de diez ocasiones. Yo siempre supe que en casa no habría nada que festejar. Primera y última vez que tiro de esta manera el dinero por la ventatna.

3. Leo en dirección cubana, el primero se llama Adán; leo en dirección hebrea, el último se llama Nada. Leo en dirección cubana, la primera se llama Eva; leo en dirección hebrea, la última se llama Ave en vuelo rumbo al perímetro donde Nada fecundará, la Madre muerta somos todos nosotros.

First & last

1. My parents came from Poland and Czechoslovakia, at twenty I ousted myself from my country, foreseeing that the nation would take on something like the air of a general prison; that wasn't to my taste (I would come to learn that the whole planet is a general prison): I was born in Cuba, where I left no progeny, and I will not return: I am the first and last Cuban generation.

2. Here at home we have a dinner table for eight that cost us a fortune over fifteen years ago, its legs carved with grapes and crabs, a flat surface that to touch made one tremble. I doubt we've dined at that table ten times. I was always aware that at home we had nothing to celebrate. It was the first and last time that I ever wasted money like that.

3. In the Cuban version I read that the first was called Adam; in the Hebrew version that the last was called Nothing. In the Cuban version I read that the first was called Eve; in the Hebrew version that the last is called Bird, that flies towards the edge where Nothing will be quickened. We are all the dead Mother.

Don

Un hombre es una isla, camina a paso tendido por sus propios islotes,
guano. Refiérelo al aire y desciende a su Anunciación.
En el Verbo tergiversa a la primera persona. Ya se le
ve, es él, lo ejemplifica yo, ya se asusta: canguelo,
calambrica. No es un hombre una isla cualquiera,
Cuba: es una isla rodeada de agua por todas partes
menos por una: viejos eran ya los chistes del Viejo
antes de ser viejo, se fue a bolina. Habló una vez en
voz alta, le daba el agua hasta los hombros, alzando
el ceño me mostró el horizonte, y dijo Euménides,
destino del Atrida, voz contundente: ahí estaremos.
Anoche soñé con un pueblo de calles sin asfaltar en
algún sitio embarrado de Polonia, giraba un carri-
coche hacia una bocacalle, de perfil me vi (soy mi
padre) (y ahora soy padre de mí mismo) no me esper-
aba Egisto, el rey de la isla de Pilos no atendió a mis
preguntas, saca al polaco, es otro mar, otro malestar,
hubo asimismo alegrías numerosas, terrazas, enea,
crujidos, somnolencia vivificadora, un gran silencio
repentino tras las persianas: Onán Onán, soy mu-
chacho. Obra la isla en mí, es perpetua. Cetro es la
isla, al tercer golpe se abre la puerta (Eliot el búho
Apollinaire, entraron): yo tengo veinte años, ya sueño
lo nunca habido, el Cartujo en su celda. Guíame,
Padre, por entre hileras de hicaco, ya pronto darán
las ocho, se cierra el número. Un boquete hay en
Egipto, por la cara de la pirámide corre un río, cuatro
afluentes, a la Isla: una habitación. Guíame, Cronos,
adentro (péndulo y punto) a tu abstracción. Tocan,
quién vive, a cada mudanza interpondré los libros,
y a cada desastre (pues es la condición) me sentaré
de nuevo a releer los libros sobre mi regazo: yo soy
la madre atenta y paridora de la alfabética distancia:
con la letra, la Isla; con la figura de la letra, la figura
de la Isla: un hombre la compone y recompone, y
muere. Y la muerte lo baja; muere la coronilla, y

Gift

A man is an island, he strides his islets--guano. He tells his story to the air and descends to his Annunciation. By twisting the Word he becomes the First Person. I see him now, he embodies I, he's scared: shocked, panicked. A man isn't any island, he's Cuba: an island surrounded by water on all sides except the top: the jokes of the Old One were old before he was old, nobody listens. Once he spoke out loud, the water up to his shoulders, raising his eyebrows he showed me the horizon and said, Eumenides, the fate of the Atridae, his voice commanding: that's where we'll be. Last night I dreamt of a town with unpaved streets in a muddy corner of Poland, a cart was being driven towards a crossroads, I saw myself in profile (I am my father) (and now I'm father to myself) Aegisthus didn't wait for me, the king of the isle of Pilos didn't listen to my questions, get rid of the yid, it's a different sea, a different annoyance, he had many pleasures also, verandas, bullrush, crackling, refreshing somnolence, a great and sudden silence behind the blinds: Onan, Onan, I'm a boy. The island works in me, it's endless. The island is a scepter, at the third knock the door is opened (Eliot, the owl, Apollinaire, entered): I'm twenty, I dream now of what's never happened, the Hermit in his cell. Guide me, Father, between rows of hicaco, soon it will be eight o'clock, the number is closed. There is an opening in Egypt, a river with four tributaries flows to the Island through the face of the pyramid: a room. Guide me, Cronos, (pendulum and point) within, to your abstraction. They knock, who's there, I will place books in the path of each change, and at each disaster (its nature is such) I sit myself down to reread the books on my lap: I am the attentive mother and the brood mare of alphabetic distance: the letter producing the Island; the letter's shape producing the Island's shape: a man writes it and writes it til he dies. And death

muere de los ojos a la palabra a sus genitales. Tribu-
lación. Tribulación del muerto. Recorrido de la hor-
miga en la cuenca vaciada; la avispa en la configura-
ción de la boca; y qué animal lo agota lamiendo y
reconfigurando (allá) sus partes bajas: en verdad soy
de carne, muslo del Viejo, postizo de su cadera. Se
desportilló mi padre, a dos bastones huecos de latón,
caminotea mi madre. Ventrílocuo de ambos, yo: en
boca cerrada, etc.; mis palabras caigan en saco roto.
Y por el descosido del dril viejo del saco me fumaré
en su nombre (el nombre de la Isla) para una última
ocasión un veguero.

brings him low; the top of the head dies, and he dies from eyes to words to genitals. Sorrow. The sorrow of the dead. The way of the ant in the empty socket; the wasp in the space of the mouth; and what animal (down there) wears it out licking, reshaping its lower parts: the truth is I'm flesh and thigh of the Old One, an artificial hip. My father was chipped, my mother staggered on two hollow canes. I'm both their ventroloquists, my mouth closed, etc.; let my words fall into a torn sack. And through the rip in the old drill of the sack in his name (in the name of the Island) I'll smoke a cigar for the last time.

La casa de enfrente

Me encaramo al perímetro circunscrito de una sombra que aparenta
un cierto árbol de un cierto patio en la casa de
enfrente, aparento (entreabriendo los ojos) (puertas
entornadas) (visillos) (espionaje, la siesta) aparento
una entrada lateral (por el pasillo, sube por el
pasillo) a mis espaldas (reconozco) la casa de
enfrente, espejo la casa de la centenaria ceiba del
patio cuarteado, canteros (estrechos) alrededor, rosa
de los vientos, cuatro estaciones, la cardinal
hormiga, sur, sur, desagües (alrededor) la ceiba en
el centro: reja circular de hierro forjado pintada de
negro, pura apariencia de herrumbre, desbarajuste
de pájaros a la tarde, fogueo, se oyó un disparo, Red
Ryder, municiones, una pistola de aire, aljabas y
denuestos, perdigones, salvas triunfales, todo cabe
en el embozo de una sábana, la aguja del mediodía
traspuso la siesta, seis de la tarde, hace un par de
lustros que están muertos. Todos toiticos todos. Ni
una mota. Ni astilla, óseo resto, recto descarnado,
ni un punto de cardenillo: polvo, todo sometido al
embozo de la sábana. Rabo de lagartija. Escarabajo
boca arriba, hormigas enloquecidas a la carga del
totí desventrado: todo un orden. Fui yo. No que le
di yo. Le di en el ojo, certero. Niños aciagos. Termina-
mos de discutir. Toca a dos muertos por cabeza,
comebolas, papanatas (la voz dictamina desde lo
alto de una fronda). Voz haz pus pez negra: hoz. La
espantada. Todos a una. Cada cual arrebujado en
su embozo. Aquélla, aquélla, inseñalable. Tajante.
Indiscriminado tragante. Cruces de ramas secas al
pie de la ceiba por cada pájaro. Diecinueve, aquel
mes. Eres un exagerao. Te digo que fueron dieci-
nueve. 19. Paquetero. Nueve, y como mucho dos.
Concedido. Míos. Fui yo. ¿Nieva? Culata de arma
de fuego al hombro, calibro, mirilla, calimbo, cayó.
¿Viste? No vi nada. Míralo, malherido o fulminado.
En el ojo, certero. En el pescuezo. ¿Dónde? Ni sombra

The house across the way

I climb to the closed perimeter of a shadow that resembles a particular
tree in a particular yard of the house across the way,
I become (opening my eyes a slit) (doors half-ajar)
(lace curtains) (siesta espionage) I become a side door
(through the hallway, climb through the hallway) at
my back (I recognize) the house across the way, a
mirror, the house of the ancient ceiba surrounded
by cracked concrete, a circle of (narrow) flowerbeds,
windrose, four seasons, the cardinal ant, south, south,
drains (encircling) the ceiba in its center, circular
wrought iron grating painted black, the obvious ap-
pearance of rust, a panic of birds in the afternoon,
fired at, a shot rang out, Red Ryder, ammunition, an
air gun, insults and arrowcases, beebees, triumphal
salvos, all contained in the fold of a counterpane,
the needle of noon passes over siesta, six in the
evening, they've been dead for a decade. All of them,
the whole shebang. Not a speck. Nor a splinter. The
rest bone, fleshless rectum, not even a dot of verdi-
gris: dust, everything contained by the fold of a coun-
terpane. Tail of a lizard. Beetle on its back, a tumult
of ants attacking the disemboweled blackbird: an
entire structure. "I did it." "No, it was me–I hit it
right in the eye." Children as destiny. End of the ar-
gument. We each bag two, "dummy, dimwit" (the
voice of judgment descends from a frond). Voice
beam pus tar: sickle. General panic. All of us. Each
hidden beneath his own hood. That woman, impos-
sible to show her. Cut and dried. A drain that makes
no judgements. Crosses of dry branches at the foot
of the ceiba, one for each bird. "I bagged 19 that
month." "You're making it up." "It was nineteen. 19."
"You're lying." "OK, nine." "Two at most." "OK.
Mine. It was me." It's snowing? Rifle butt at my
shoulder, I take aim, sight, contact, and it's down.
"Did you see it?" "I saw nothing. "Look at it,
wounded, struck down. Right in the eye. In the

del totí muerto o herido. Aquí no hay nada. Son rápidas las hormigas (negras) (coloradas) de este patio. No me digas. ¿Ventisca? ¿Aguanieve? Avefrías y colimbos jaraneando a la altura de las cumbres nevadas. Ése que oye vaciar la carga de municiones, cuerpo de pájaro, ya escuchó el disparo primordial, no puede aseverarse que lo suscitó. No presta ya atención. Está ido. Ya escuchó. Que hagan lo que quieran. Que disputen. La Tajante tiene setecientos nombres (nombretes) y la sartén por el mango: Dios a lo sumo tiene un par de apodos, unos atributos. Volvamos al pasado, nonatos. Volver a empezar. ¿Cuál era tu rostro antes de nacer? Comequeque koan. Sigue nevando. El totí se extravió. Mocharon la ceiba. La hormiga colorada se comió las demás. Acabo de cumplir sesenta y cinco años, me poso en el ribete inexistente de un árbol, truena, el saltimbanqui cae, acera o patio de hospital rural, batas blancas esplendentes, Primera o Segunda Guerra Mundial: he disparado, emigró mi abuelo, a mis tíos se los cargaron como al totí en los campos (de concentración) y cuando lo del bombardeo de Dresde, qué decir, hubo en casa una cierta euforia, no sé qué pasó en la casa de enfrente, mi padre me agarró por los hombros, a trompicones me metió en un cuarto, aquel fue sin duda el día más feliz de mi vida, la penumbra.

neck." "Where?" Not a trace of a dead or wounded blackbird. Nothing here. "The (black) (red) ants in this yard are very fast." "You don't say." Blizzard? Sleet? Lapwings and loons sport among snowy peaks. He who marked the discharging guns, body of a bird, had already heard the primordial shot, no one could say that he made it happen. He no longer bothers with it. He's distracted. He's heard it before. Who cares? Let them argue if they want. Death the Slasher has seven hundred names (nicknames) and all the marbles: God has at best a pair of nicknames, and a few attributes. Let us return unborn to the past. Let us begin again. What was your face before you were born? A dumb koan. It's still snowing. The blackbird went missing. They hacked at the ceiba. The red ant ate the rest. I've just turned 65, I perch on the nonexistent edge of a tree, it thunders, the acrobat falls, sidewalk or yard of a rural hospital, resplendent white labcoats, the First or Second World War: I fired, my grandfather emigrated, like a black-bird my uncles were slaughtered in the (concentra-tion) camps, and when they bombed Dresden, be-lieve it or not, there was joy in our house, I have no idea what happened in the house across the way, my father grabbed me by the shoulders and shoved me into a room, that was the happiest day of my life, the twilight shadows.

Patio ulterior

Sin el mayor esfuerzo, el melanoma del rostro marca de Dios, cual si
saliera del vientre de la nave, con su historial saliera
del vientre de la nave, con su historial a cuestas, y
eso para colmo, pero nada, y a sabiendas que ni olmo
ni pera, desde la primera mañana repitiendo (apren-
diendo) una de las plegarias de la Misericordia, *Om
Tare Tu Tare Ture Soha*, ahí una concatenación, pero
de qué si se desvanece con el menor esfuerzo, de
quién: una respuesta asida a la filigrana (serrada)
del borde lo sobrecoge, buido aullido lo sobrecoge,
ase, y qué; ve escindirse luz a oscuridad, primero
en dos, luego en pedazos, y de lo despedazado otro
abismo responde, mutismo dimana, de dónde surgió
lo anterior, justo ahora es que no se sabe, en qué
dirección el abismo mana: cuatro hoces dejaron su
huella en la palma de una mano. Una quinta saja-
dura alerta (restalla) en la palma de la otra mano en
cruz alzada ahora ante sus ojos cegados por un
exceso, cuál es la izquierda, quién el que por un
instante permaneció cegado: cegato; bizco. Esas
aureolas. Y de pronto la voz del abismo (exabrupto)
pareció convocarlo, le ha parecido el llamado
cotidiano, la voz familiar con su eco, y el eco hueco
de los muertos, responde y nada escucha, mata luz
la oscuridad: un estrépito hueco. Una noción ver-
tical. Se estrella una diadema, y saltan en pedazos
(estriados) los quilates de la gema, carbunclo ulterior
el iris de la mirada, y por sus astillas de nuevo nada,
geología deshecha, lijar y lijar palabras, tras los
tegumentos otro eco despidiendo carbonilla, pista
de ininteligibilidad. ¿De quién es ahora la artimaña?
¿Dios, el falaz, excoria melanoma? Y la silla de hierro
colado, la blanca silla esmaltada del patio, una silla
descascarillada donde transcurren las horas de
estrechez dilucidadora, una estrechez cada vez ma-
yor desde el menor esfuerzo del pensamiento: su

Backyard

Without great effort, the facial melanoma the mark of God, if someone
were to emerge from the belly of a ship, his case his-
tory on his back, and to top it off, but forget it, aware
that neither elm nor pear, repeating (learning) since
the first morning one of the prayers of the Miseri-
cordia, *Om Tare Tu Tare Ture Soha,* a link there, but to
what if it disappears with the slightest effort, to
whom: a clean reply to the (saw-toothed) filigree of
the edging surprises him, a sharp howl surprises
him, he grabs, and what; he sees the light and the
darkness divided, first in two, then into pieces, and
from the fragments another abyss replies, mutism
emerges, from whence what came before erupts, and
the direction of the abyssal flow is now not known
with any certainty: four sickles left their trace in the
palm of a hand. A fifth cut alerts (crackles) in the
palm of the other, his hands crossed over, now, be-
fore his eyes blinded by the light, which one's the
left, who's he who's momentarily blinded: near-
sighted; cross-eyed. Those halos. And of a sudden
the voice from the abyss (a sharp remark) appeared
to convoke it, it had seemed the daily cry, the famil-
iar voice and its echo and the hollow echo of the dead,
it replies but nothing listens, light kills the darkness:
an empty clamor. A vertical notion. A diadem crashes,
and the gem's karats burst forth in pieces, the car-
buncle to come the iris of the glance, and through its
chips there's once more nothing, a ruined geology,
polishing and polishing the words, another echo be-
hind the intuguments emitting a cinder, an indeci-
pherable clue. Whose trickery is it now? Does the
false God peel off the melanoma? And the cast-iron
chair, the white enameled chair in the yard, a chipped
chair where hours of explanatory narrowness pass,
a narrowness still narrower after the slightest effort

pensamiento al caer en vasija cóncava ya cabe en sí,
no cabe en recipiente ninguno, al caer sobre lo
convexo ya no rebota (eco) del imperecedero metal
(hueco, eco) Dios, el receptáculo: ¿de qué? Aquí a
solas el ave alza a la vez el vuelo en todas sus direc-
ciones contrarias, de sus revuelos aspas, las vueltas
en redondo de los pensamientos a la somnolencia
de las circunvoluciones. El reloj dictamina la noche
cerrada. Y se remueve en la silla. Reseco. Mirada
dejada. ¿Y de qué mano? Una ocre saliva (¿nicotina?)
cae del labio superior a la perilla. Y el ave inaudita
revolotea, tonsura, diadema, el trono encima de su
cabeza. ¿Y tiene hambre? Jamás. Todo lo simula. Sólo
ingiere. *Om Tare* ingiere. Bosteza. A cada bostezo
ingente, ecos. A cada ingestión del aire negro el
hueco (eco) del bostezo. Y con la mano izquierda
roza la circunferencia en rededor de la mesa de
mimbre, oye crujir una estera de paja, su último
pensamiento (¿del día?) a punto de adormilarse, paja
los pies desnudos, el rostro inclina sobre su baba,
algún grumo o devolución del todo imperceptibles,
ya va devuelto y se alegra: podría alzar las manos,
deambular por el aire, palmas batir a dúo, secarse
el mentón con el puño derecho de la camisa emper-
cudida, oír romperse el fleje interior de las mancuer-
nas: qué camisa. Cuál desnudo de la cintura para
arriba. Corrobora carnes desmejoradas. Y sonríe. El
indolente, sonríe. Pesa a fondo sostén último hara-
piento de las ideas: por un platillo ulterior del todo
ajeno, sopesa: al fiel. Maraña. La balanza sobre la
rapada cabeza. Y ahora, ahora con un esfuerzo en
medio de aquel patio, sale (como si del vientre de
una nave saliera despedido) levanta con ambas ma-
nos la taza de porcelana (impecable) ribetes azules
(impecables) de lo desportillado: la acerca a los
labios, besa del aire costras y desconchados (el pene-
trante olor a manzanilla lo adormece más a fondo)

at thought: his thought fallen into a concave vessel now fits itself, it doesn't fit into just any container, when it falls onto a convex one it doesn't bounce (echo) off the imperishable metal (hollow, echo). God, the receptacle: of what. Here in solitude the bird takes flight at once in all its different directions, like a windmill, thoughts homing in on the somnolence of circumvolutions. The clock confirms it's deepest night. And he stirs in his chair. Dry. A careless glance. Which hand? An ochre saliva (nicotine?) falls from upper lip to chin. And the unheard bird flutters about, tonsure, diadem, the throne above his head. Is he hungry? Never. He copies everything. Merely ingests. He ingests *Om Tare*. He yawns. Echoes accompany each enormous yawn. The hollow (echo) of a yawn at each ingestion of black air. And with his left hand he rubs the edge of the wicker table, he hears the rustle of a straw mat, his final thought (for the day?) as he dozes off, straw–bare feet–his face bends above his drool, a lump or a spitting-up of everything unseen, he's vomited now and it makes him happy: he could raise his hands, roam through the air, his palms beating as one, drying his chin with the right cuff of his grimy shirt, hearing the inner coil of his cufflinks break: which shirt was it. What nakedness from the waist up. Evidence of flesh become slack. And he smiles. Indolent, he smiles. He weighs in the end the last tattered support of his ideas: weighed accurately on the final scales he has nothing to do with. Thicket. The scales above his shaved head. And now, now in the midst of that yard with an effort he emerges (as if emerging ejected from the belly of a ship) raises with both hands the (impeccable) porcelain cup (impeccable) flecks of blue of the chipped cup: which he brings to his lips, the kiss of the air scabby peeling (the sharp scent of chamomile lulls him further)

la taza inclina, el líquido vierte y vierte lustral sobre sus pantalones ajados (misericordia): y aquello que vierte resulta interminable. Un líquido se despeña (¿renovación del agua?) las aguas corren (¿renovación del recorrido?): aguas que corren transcurren (eco de ecos) incontrolables: un eco los remolinos, y desde el ojo del remolino se acerca dormido al fondo, inversa espiral de la efigie en precipitación (oíd, oíd el golpe) de su bostezo.

the cup inclines the liquid spills and spills lustrous
on his wrinkled pants (have mercy): and the spill-
age becomes endless. A liquid torrent (the waters
anew?) the waters flow (the journey anew?): flow-
ing waters (echo of echoes) pass incontrollable: their
whirlpools an echo, and from the whirlpool's eye he
approaches the fundament, asleep, inverse spiral of
the falling effigy (hear, hear the blow) of his yawn.

Periferia

Íbamos

de brote en brote y nos alimentamos de las excrecencias de la oruga,
     ovillos

y el filamento

de la seda fueron nuestra alimentación: tiernos retoños, piñones que se
     perdían en los bolsillos y el amarillo

más vetusto

de las ciudades, nos alimentaron. Correteábamos, ¿dónde? En las
     monturas y en el asiento trasero de las bicicletas que
     trajeron los ingleses

a mi país: un día

rebasamos los límites de la ciudad y el azoro nos detuvo en sus cinchas;
     vivíamos. Qué crocos gigantescos, qué

indoblegables

pajareras de hierro forjado con grandes portezuelas abiertas a la
     intemperie, eran

la habitación

del colibrí y la abeja que retozaban alrededor de la flor inmortal hecha
     de hierro forjado

y tules

transparentes cuyas nervaduras guiaban ahora nuestros pasos y nos
     mostraban las cuatro

encrucijadas

Periphery

We would flit

from bud to bud and feed ourselves on the
          caterpillar's secretions, balls of yarn

and threads

of silk were our food: tender shoots, pine nuts lost in pockets and
          the oldest

yellow

of cities fed us. We tore about–where to?–on the seats and baggage
          racks of bikes that the English brought

to my country: one day

we rode beyond the city. Struck dumb: the crocuses towered above
          us, the

unbendable

iron cages their great gates open to the outdoors, homes

to hummingbird and bee who buzzed about the immortal flower
          forged of iron

and transparent

tulle, its veins would guide our steps now, showing us the four

de una perpendicular al cielo: tan jóvenes y había una perpendicular
al cielo. Escalamos, cuatro ascensos, cuatro

exudaciones

del tamarindo que nos distribuíamos como un quinto manjar de escalas
que nos llevamos

a la boca. Qué

nos tocó aquel día que yo era todos mis compañeros de ejes y manubrio
en las bicicletas: volvimos

con las solapas

asombradas y el cuello de las camisas enganchado a alas transparentes
que se zafaban, nos zafamos

a la inmaterialidad

de las cuestas y la inmaterialidad de los tranvías, regresamos: y la
ciudad era la cabeza de un alfiler y vimos nuestras
cabezuelas

oscilar de risa y risa oronda sobre la cabeza de un alfiler, nunca más
pedaleamos. Y la ciudad nos relegó y aquel día en-
tramos uno

por uno

en la ciudad después de descartar enseres y forjas, herramientas al borde
de las cunetas: entramos

por la puerta

que ya habían trancado nuestras madres, mujeres a veces tan timoratas.
Y la ciudad se hizo muy pequeña

crossroads of a perpendicular to the heavens: we had a perpendicular
       to the heavens, young as we were. We climb, ascend
       four times, four

secretions

of the tamarind we shared as a fifth exquisite dish of celestial tones
       that we raise

to our lips. What

struck us that day that I became at one with my comrades of axes and
       handlebars: we returned,

the astonished lapels of our jackets and the necks of our shirts snagged
       on transparent wings that come loose, we are loos-
       ened

into the immateriality

of hills the immateriality of trolleys, we return: and the city was the
       head of a pin and we saw our heads like flowers

shaking with bellylaughs on the head of a pin, we never biked again.
       And the city put us aside and one

by one

we enter that day after discarding pots and pans, forges tools, at the
       edges of ditches: we enter

through the gate

that our mothers, at times such frightened women, had already bolted.
       And the city had become very small

y nosotros

crecimos grandes y desprovistos, nuestras madres riendo a la altura

de los muebles.

and we

grew tall and vulnerable, our mothers now no taller than the furniture

laughing.